A. L

LE LIVRE
DES CHANSONS
FRANÇAISES

L. GRANDSIRE

Traditions anciennes

LE LIVRE DES CHANSONS FRANÇAISES

EDITIONS JEAN-PAUL GISSEROT

A Bordeaux

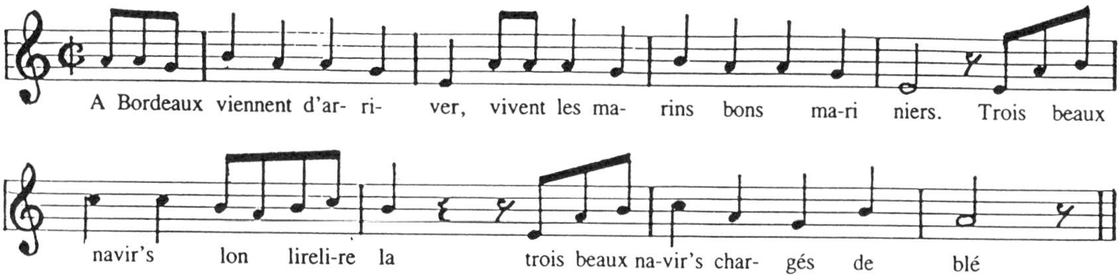

1

A Bordeaux viennent d'arriver,
Vivent les marins bons mariniers !
Trois beaux nāvires
Lon lire lire la !
Trois beaux navires chargés de blé.

2

Trois dames s'en furent les visiter,
Vivent les marins bons mariniers !
Marin, marchand,
Lon lire lire la !
Marin, marchand, combien ton blé ?

3

Entrez, mesdames, vous le verrez,
Vivent les marins bons mariniers !
Nous le vendons
Lon lire lire la !
Nous le vendons très bon marché.

4

La plus jeune a le cœur léger,
Vivent les marins bons mariniers !
Dedans la barque
Lon lire lire la !
Dedans la barque elle a sauté.

5

La barque au large s'en est allée,
Vivent les marins bons mariniers !
Arrête, Arrête,
Lon lire lire la !
Arrête, arrête, beau marinier !

6

J'entends ma mère m'appeler,
Vivent les marins bons mariniers !
Et mes petits
Lon lire lire la !
Et mes petits enfants pleurer…

7

Taisez-vous, la belle, vous mentez,
Vivent les marins, bons mariniers !
Jamais d'enfants
Lon lire lire la !
Jamais d'enfants n'avez portés…

8

S'il plaît à Dieu qu'vous en ayez,
Vivent les marins bons mariniers !
Ce s'ra un gars
Lon lire lire la !
Ce s'ra un garçon marinier !

9

A Bordeaux viennent de s'en aller
Vivent les marins bons mariniers !
Trois beaux navires
Lon lire lire la !
Trois beaux navires chargés de blé…

Ah! Mon beau château

1re RONDE

— 1 —

Ah! mon beau château,
Ma tant'tire lire lire,
Ah! mon beau château,
Ma tant'tire lire lo.

— 2 —

Nous le détruirons,
Ma tant'tire lire lire,
Nous le détruirons,
Ma tant'tire lire lo.

— 3 —

Vos fill's demandons,
Ma tant'tire lire lire,
Vos fill's demandons,
Ma tant'tire lire lo.

— 4 —

Celle que voici,
Ma tant'tire lire lire,
Celle que voici,
Ma tant'tire lire lo.

— 5 —

De jolis bijoux,
Ma tant'tire lire lire,
De jolis bijoux,
Ma tant'tire lire lo.

2e RONDE

— 1 —

Le nôtr' est plus beau,
Ma tant'tire lire lire,
Le nôtr' est plus beau,
Ma tant'tire lire lo.

— 2 —

Nous paierons rançon,
Ma tant'tire lire lire
Nous paicrons rançon,
Ma tant'tire lire lo.

— 3 —

Laquell' prendrez-vous?
Ma tant'tire lire lire,
Laquell' prendrez-vous?
Ma tant'tire lire lo.

— 4 —

Que lui donn'rez-vous?
Ma tant'tire lire lire,
Que lui donn'rez-vous?
Ma tant'tire lire lo.

— 5 —

Nous n'en voulons pas,
Ma tant'tire lire lire,
Nous n'en voulons pas,
Ma tant'tire lire lo.

OU BIEN :

— 6 —

Nous en voulons bien,
Ma tant'tire lire lire,
Nous en voulons bien
Ma tant'tire lire lo.

La 1re ronde offre un objet à une fille de la 2e ronde : etc… Si celle-ci accepte le cadeau, elle se détache de la 2e ronde et entre dans la 1re ronde. On répète les trois derniers couplets jusqu'à épuisement de la 2e ronde.

Ah! vous dirai-je, maman ?

1. Ah ! vous dirai-je, mamam,
Ce qui cause mon tourment,
Depuis que j'ai vu Sylvandre
Me regarder d'un air tendre,
Mon cœur dit à chaque instant,
Peut-on vivre sans amant ?

2. L'autre jour dans un bosquet,
De fleurs il fit un bouquet,
Il en para ma houlette
Me disant : « Belle brunette,
Flore est moins belle que toi,
L'Amour moins tendre que moi. »

3. « Étant faite pour charmer,
Il faut plaire, il faut aimer ;
C'est au printemps de son âge,
Qu'il est dit que l'on s'engage.
Si vous tardez plus longtemps,
On regrette ces moments. »

4. Je rougis, et par malheur,
Un soupir trahit mon cœur.
Le cruel avec adresse,
Profita de ma faiblesse ;
Hélas ! maman un faux pas
Me fit tomber dans ses bras.

5. Je n'avais pour tout soutien
Que ma houlette et mon chien ;
L'Amour voulant ma défaite,
Écarta chien et houlette.
Ah ! qu'on goûte de douceur
Quand l'amour prend soin du cœur.

A la claire fontaine

1. A la claire fontaine
M'en allant promener,
J'ai trouvé l'eau si belle
Que je m'y suis baignée.
Il y a longtemps que je t'aime,
Jamais je ne t'oublierai.

2. Sous les feuilles d'un chêne
Je me suis fait sécher ;
Sur la plus haute branche
Le rossignol chantait.

3. Chante, rossignol, chante,
Toi qui as le cœur gai,
Tu as le cœur à rire...
Moi je l'ai à pleurer !

4. C'est pour mon ami Pierre
Qui ne veut plus m'aimer,
Pour un bouton de rose
Que je lui refusai.

5. J'ai perdu mon ami,
Sans l'avoir mérité,
Pour un bouquet de roses
Que je lui refusai.

A La Rochelle est arrivé

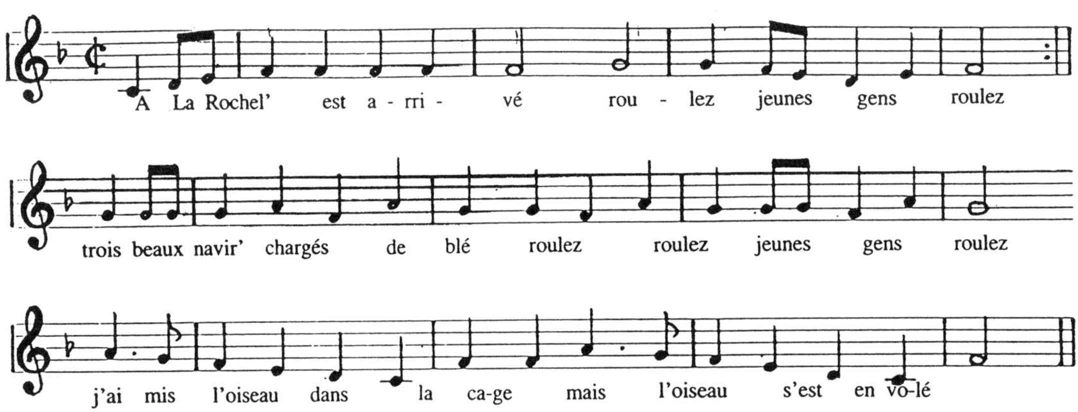

1
La Rochelle est arrivé | (*bis*)
roulez jeunes gens roulez |
trois beaux navires chargés de blé
roulez roulez jeunes gens roulez

2
J'ai mis l'oiseau dans la cage | (*bis*)
mais l'oiseau s'est envolé |

3
Trois dames s'en vont les marchander
marin, marin, combien ton blé ?

4
Embarquez belle vous le saurez !
la plus belle eut le pied levé

5
Le capitaine s'est écrié :
larguez devant larguez derrière

6
Larguez les focs les voiles d'étais !
la belle s'est mise à pleurer

7
Qu'avez-vous donc la belle à pleurer ?
Vous avez eu mon pucelage !

8
Vous avez eu mon pucelage
mais je n'ai pas eu votre argent !

Aux marches du palais

1. Aux marches du palais *bis*
   Y'a une tant belle fille lon-la
   Y'a une tant belle fille.

2. Elle a tant d'amoureux
   Qu'elle ne sait lequel prendre.

3. La bell', si tu voulais,
   Nous dormirions ensemble,

4. Dans un grand lit carré,
   Couvert de toiles blanches ;

5. Aux quatre coins du lit,
   Un bouquet de pervenches.

6. Dans le mitan du lit,
   La rivière est profonde ;

7. Tous les chevaux du roi
   Y viennent boire ensemble.

8. Et là, nous dormirions
   Jusqu'à la fin du monde.

A la pêche aux moules

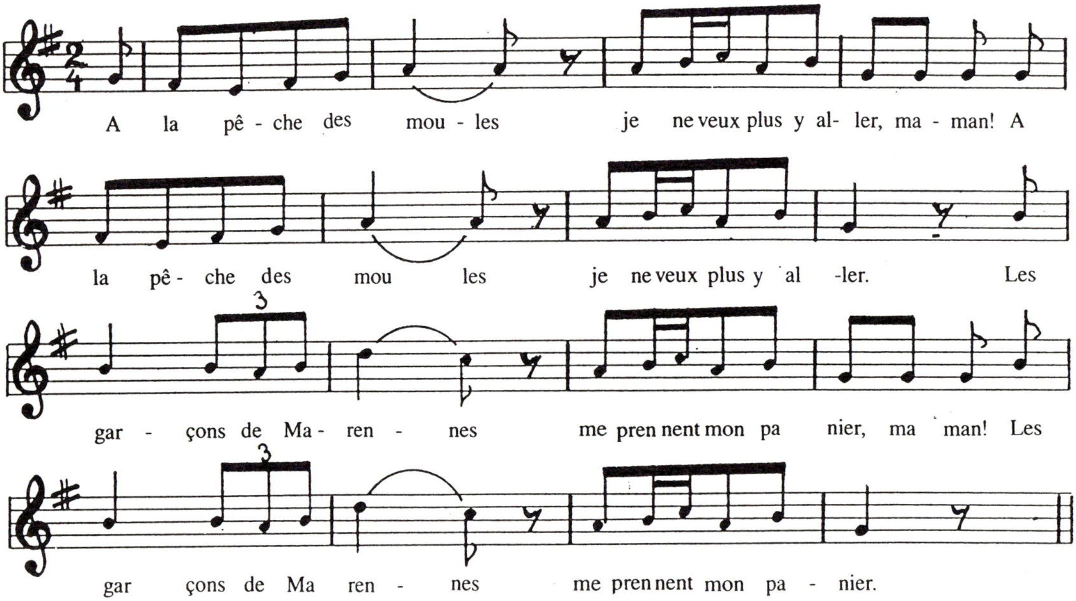

Refrain

A la pêche des moules
Je ne veux plus y aller,
Maman!
bis

Les garçons de Marennes
Me prennent mon panier,
Maman!
bis

Quand un'fois ils vous tiennent
Sont-ils de bons enfants,
Maman!

Ils vous font des caresses,
Des petits compliments,
Maman!
bis

A la volette

1
Un petit oiseau
A pris sa volée (bis)
A pris sa,
A la volette,
A pris sa,
A la volette,
A pris sa volée.

2
Il s'est appuyé
Sur un oranger (bis)
Sur un o,
A la volette,
Sur un o,
A la volette,
Sur un oranger.

3
La branche a cassé,
L'oiseau est tombé (bis)
L'oiseau est,
A la volette,
L'oiseau est,
A la volette,
L'oiseau est tombé.

4
Mon petit oiseau
Où t'es-tu blessé? (bis)
Où t'es-tu,
A la volette,
Où t'es-tu,
A la volette,
Où t'es-tu blessé?

5
Je m'suis cassé l'aile
Et tordu le pied. (bis)
Et tordu,
A la volette,
Et tordu,
A la volette,
Et tordu le pied.

6
Mon petit oiseau
Veux-tu te soigner? (bis)
Veux-tu te,
A la volette,
Veux-tu te,
A la volette,
Veux-tu te soigner?

7
Je veux me soigner
Et me marier (bis)
Et me ma,
A la volette,
Et me ma,
A la volette,
Et me marier.

Alouette

1. Alouette, gentille alouette,
   Alouette, je te plumerai.

2. Je te plumerai les yeux, (*bis*)
   Et le bec (*bis*) alouette (*bis*) ah !

3. Je te plumerai la tête, (*bis*)
   Et les yeux (*bis*) et le bec (*bis*) alouette (*bis*) ah !

4. Je te plumerai le cou, (*bis*)
   Et la têt' (*bis*) et les yeux (*bis*) et le bec (*bis*) alouette (*bis*) ah !

5. Je te plumerai les ail's, (*bis*)
   Et le cou (*bis*) et la têt' (*bis*) et les yeux (*bis*) et le bec (*bis*) alouette (*bis*) ah !

6. Je te plumerai le dos (*bis*)
   Et les ail's (*bis*) et le cou (*bis*) et la têt' (*bis*) et les yeux (*bis*) et le bec (*bis*)
   [alouette (*bis*) ah !

7. Je te plumerai les patt's (*bis*)
   Et le dos (*bis*) et les ail's (*bis*) et le cou (*bis*) et la têt' (*bis*) et les yeux (*bis*)
   [et le bec (*bis*) alouette (*bis*) ah !

Arlequin tient sa boutique

Arlequin tient sa boutique
Dessous un grand parasol,
Il attire la pratique
Autant que votre guignol :
Oui, monsieur Po, oui monsieur Li
Oui monsieur Chi, oui monsieur Nel
Oui monsieur Polichinel.

Il vend des bouts de réglisse,
Meilleurs que votre bâton,
Des bonshomm's en pain d'épice,
Moins bavards que vous, dit-on :
Oui monsieur Po,... etc...

Il a de belles oranges
Pour les bons petits enfants,
Et de si beaux portraits d'anges,
Qu'on dirait qu'ils sont vivants :
Oui monsieur Po,... etc...

Il a des pralines grosses,
Bien plus grosses que le poing,
Plus grosses que les deux bosses
Que forme votre pourpoint :
Oui monsieur Po,... etc...

Il ne bat jamais sa femme,
Et ce n'est pas comm' chez vous,
Comme vous, il n'a pas l'âme
Aussi dure que cailloux :
Oui monsieur Po,... etc...

Vous faites le diable à quatre,
Mais pour calmer vot' courroux,
Le diable viendra vous battre,
Le diable est plus fort que vous :
Oui monsieur Po,... etc...

A Saint-Malo beau port de mer

1. A Saint-Malo beau port de mer (*bis*)
   Trois beaux navir's sont arrivés.

   Refrain

   Nous irons sur l'eau, nous y prom' promener,
   Nous irons jouer dans l'île.

2. Trois beaux navir's sont arrivés (*bis*)
   Chargés d'avoin', chargés de blé.

3. Trois dam's s'en vont les marchander.

4. Marchand, marchand, combien ton blé ?

5. Trois francs l'avoin', six francs le blé.

6. C'est bien trop cher d'une bonn' moitié.

7. Montez Mesdames vous le verrez.

8. Marchand, tu n'vendras pas ton blé.

9. Si j' le vends pas, je l' donnerai !

Au clair de la lune

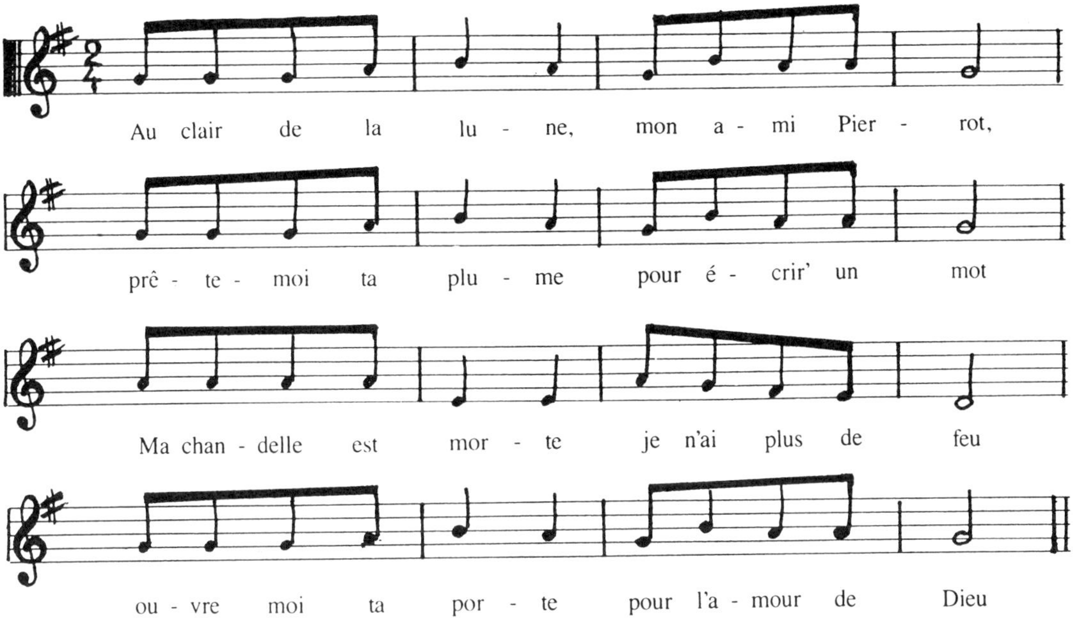

1. Au clair de la lune
Mon ami Pierrot
Prête-moi ta plume
Pour écrire un mot.
Ma chandelle est morte
Je n'ai plus de feu
Ouvre-moi ta porte
Pour l'amour de Dieu.

2. Au clair de la lune
Pierrot répondit :
Je n'ai pas de plume
Je suis dans mon lit.
Va chez la voisine,
Je crois qu'elle y est,
Car dans la cuisine
On bat le briquet.

3. Au clair de la lune,
L'aimable Lubin
Frappe chez la brune,
Ell' répond soudain :
« Qui frapp' de la sorte. »
Il dit à son tour :
« Ouvrez votre porte,
Pour le dieu d'amour. »

4. Au clair de la lune,
On n'y voit qu'un peu.
On cherche la plume,
On cherche du feu.
En cherchant d' la sorte,
Je n' sais c' qu'on trouva
Mais je sais qu' la porte
Sur eux se r'ferma.

Auprès de ma blonde

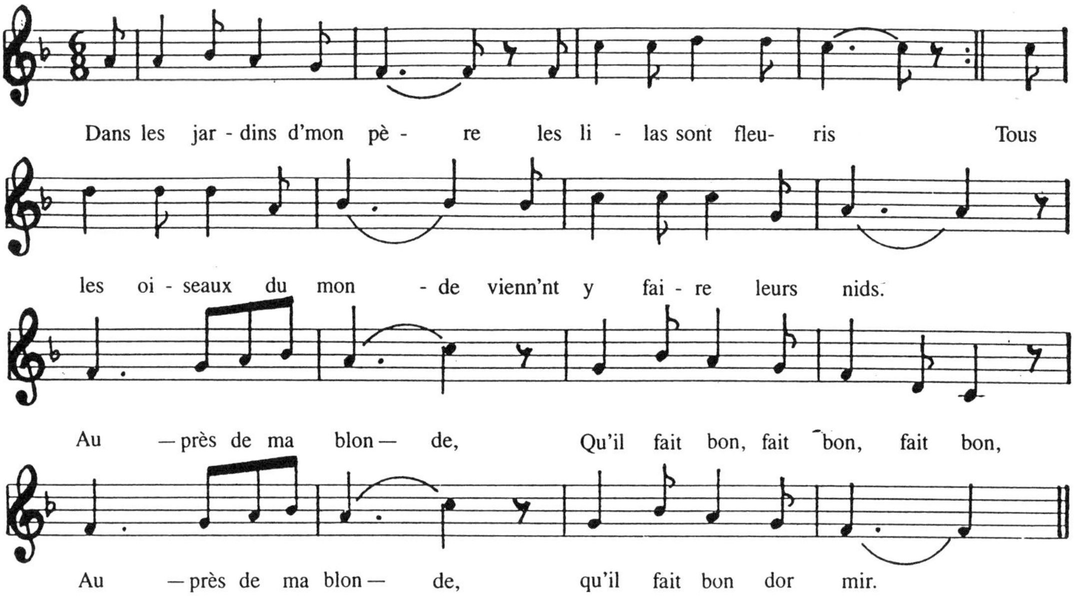

1. Dans les jardins d'mon père | *bis*
Les lilas sont fleuris ;
Tous les oiseaux du monde
Vienn'nt y faire leurs nids.

Refrain

Auprès de ma blonde
Qu'il fait bon, fait bon, fait bon,
Auprès de ma blonde
Qu'il fait bon dormir.

2. Tous les oiseaux du monde | *bis*
Vienn'nt y faire leurs nids ;
La caill', la tourterelle
Et la joli' perdrix.

3. … Et ma joli' colombe
Qui chante jour et nuit.

4. … Qui chante pour les filles
Qui n'ont pas de mari.

5. … Pour moi ne chante guère
Car j'en ai un joli.

6. … « Dites-nous donc la belle
« Où donc est votr' mari ?

7. … Il est dans la Hollande
Les Hollandais l'ont pris.

8. … Que donneriez-vous belle
Pour avoir votre ami ?

9. … Je donnerai Versailles
Paris et Saint-Denis.

10. … Les tours de Notre-Dame,
Et l' clocher d' mon pays.

11. … Et ma blanche colombe
Qui l'attend jour et nuit.

(On reprendre toujours, en les doublant, les deux derniers vers du couplet précédent.)

Biquette

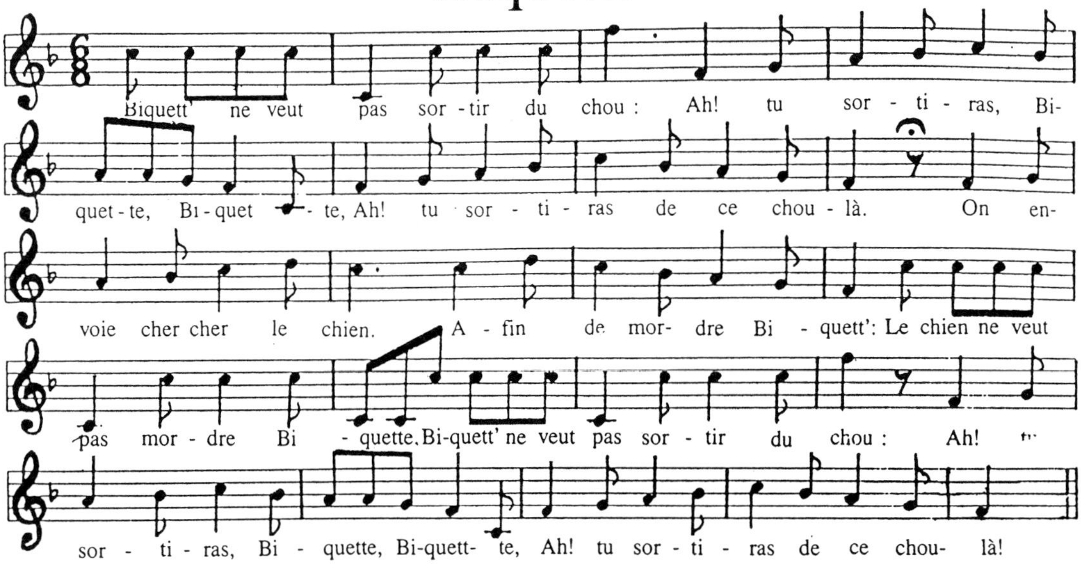

Biquett' ne veut pas
Sortir du chou :
Ah! tu sortiras, Biquette, Biquette,
Ah! tu sortiras de ce chou-là!

On envoie chercher le chien
Afin de mordre Biquette :
Le chien ne veut pas
Mordre Biquette,
Biquett' ne veut pas
Sortir du chou :
Ah! tu sortiras, Biquette, Biquette,
Ah! tu sortiras de ce chou-là!

On envoie chercher le loup
Afin de manger le chien :
Le loup ne veut pas
Manger le chien,
Le chien ne veut pas
Mordre Biquette,
Biquett' ne veut pas
Sortir du chou :
Ah! tu sortiras, Biquette, etc…

On envoie chercher l'bâton
Afin d'assommer le loup :
L' bâton ne veut pas
Assommer le loup,
Le loup ne veut pas
Manger le chien,
Le chien ne veut pas
Mordre Biquette
Biquett' ne veut pas
Sortir du chou :
Ah! tu sortiras, etc…

On envoie chercher le feu
Afin de brûler l' bâton :
Le feu ne veut pas
Brûler l' bâton,
Le bâton ne veut pas
Assommer le loup,
Le loup ne veut pas
Manger le chien,
Le chien ne veut pas
Mordre Biquette,
Biquett' ne veut pas
Sortir du chou :
Ah! tu sortiras, etc…

On envoie chercher de l'eau
Afin d'éteindre le feu :
Mais l'eau ne veut pas
Éteindr' le feu,
Le feu ne veut pas
Brûler l' bâton,
Le bâton ne veut pas
Assommer le loup,
Le loup ne veut pas
Manger le chien,
Le chien ne veut pas
Mordre Biquette,
Biquett' ne veut pas
Sortir du chou :
Ah! tu sortiras, etc…

On envoie chercher le veau
Pour lui faire boire l'eau :
Le veau ne veut pas
Boire l'eau,
L'eau ne veut pas
Éteindr' le feu,
Le feu ne veut pas
Brûler l' bâton,
L' bâton ne veut pas
Assommer le loup,
Le loup ne veut pas
Manger le chien,
Le chien ne veut pas
Mordre Biquette,
Biquett' ne veut pas
Sortir du chou :
Ah! tu sortiras, etc…

On envoie chercher l'boucher
Afin de tuer le veau :
L' boucher ne veut pas

Tuer le veau,
Le veau ne veut pas
Boire l'eau,
L'eau ne veut pas
Éteindr' le feu,
Le feu ne veut pas
Brûler l' bâton,
L' bâton ne veut pas
Assommer le loup,
Le loup ne veut pas
Manger le chien,
Le chien ne veut pas etc...

On envoie chercher le juge
Pour qu'il juge le boucher :
Le jug' ne veut pas
Juger l' boucher,
L' boucher ne veut pas
Tuer le veau,
Le veau ne veut pas
Boire l'eau,
L'eau ne veut pas
Éteindr' le feu
Le feu ne veut pas
Brûler l'bâton,
L'bâton ne veut pas
Assommer le loup,
Le loup ne veut pas
Manger le chien,
Le chien ne veut pas
Mordre Biquette,
Biquett' ne veut pas
Sortir du chou :
Ah! tu sortiras, etc...

On envoie chercher le diable
Pour qu'il emporte le juge :
Le diable veut bien
Emporter l' juge,
Le juge veut bien
Juger l' boucher,
Le boucher veut bien
Tuer le veau,
Le veau veut bien
Boire l'eau,
Et l'eau veut bien
Éteindr' le feu,
Le feu veut bien
Brûler l' bâton,
Le bâton veut bien
Assommer le loup,
Le loup veut bien
Manger le chien,
Le chien veut bien
Mordre Biquette,
Biquette veut bien
Sortir du chou :
Ah! tu sortiras, Biquette, Biquet
Ah! tu sortiras de ce chou-là!

Brassons bien partout carré

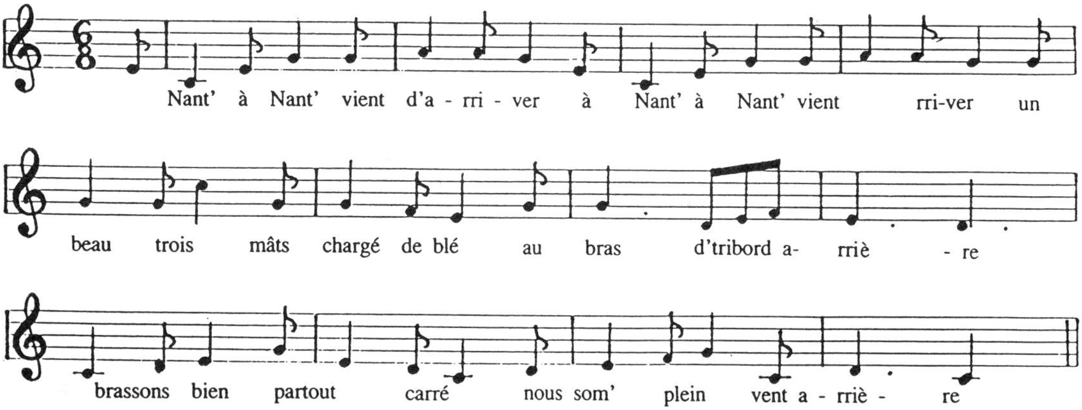

1
Nantes à Nantes vient d'arriver | (*bis*)
A Nantes à Nantes vient d'arriver |
un beau trois-mâts chargé de blé

REFRAIN
au bras tribord d'arrière,
Brassons bien partout carré | (*bis*)
nous sommes plein vent arrière ! |

2
Au Quai de la Fosse est amarré
le trois-mâts chargé de blé

3
Joli marin, gentil gabier
combien vendez-vous la perrée ?

4
Pour vous la belle, c'est à gagner
par trois nuits de partie carrée !

5
Joli marin gentil gabier
je connais pas la partie carrée !

6
La belle je vous l'apprendrai
dans un joli grand lit carré !

7
Joli marin je voudrais y aller
dans ton joli trois-mâts carré !

8
La belle sur les trois-mâts carrés
on n'embarque pas de poulies coupées !

9
De San Francisco à Valparaiso
j'enverrai mon trois-mâts carré

10
Dans une tempête il a sombré
le joli trois-mâts carré

11
En talisman de fidélité
au Quai de la Fosse est exposé

Brave marin

1

Brave marin revient de guerre
Tout doux…
Brave marin revient de guerre
Tout doux…
Tout mal chaussé, tout mal vêtu,
Brave marin, d'où reviens-tu,
Tout doux…

2

Madame, je reviens de guerre,
Tout doux…
Madame, je reviens de guerre,
Tout doux…
Apportez vite du vin blanc,
Que le marin boive en passant,
Tout doux…

3

Brave marin se met à boire,
Tout doux…
Brave marin se met à boire,
Tout doux…
Se met à boire et à chanter,
La belle hôtesse soupirait
Tout doux…

4

Ah ! Dites-moi, la belle hôtesse,
Tout doux…
Ah ! Dites-moi, la belle hôtesse,
Tout doux…
Regrettez-vous votre vin blanc
Que le marin boit en passant ?
Tout doux…

5

C'n'est pas mon vin que je regrette,
Tout doux…
C'n'est pas mon vin que je regrette,
Tout doux…
Mais c'est la mort de mon mari,
Monsieur, vous ressemblez à lui,
Tout doux…

6

Ah ! Dites-moi, la belle hôtesse,
Tout doux…
Ah ! Dites-moi, la belle hôtesse,
Tout doux…
Vous aviez de lui trois enfants,
Et j'en vois quatre maintenant,
Tout doux…

7

On m'a écrit de ses nouvelles,
Tout doux…
On m'a écrit de ses nouvelles,
Tout doux…
Qu'il était mort et enterré,
Que je me suis remariée,
Tout doux…

8

Brave marin vide son verre,
Tout doux…
Brave marin vide son verre,
Tout doux…
Sans remercier, tout en pleurant,
S'en retourne à son bâtiment,
Tout doux…

C'était Anne de Bretagne

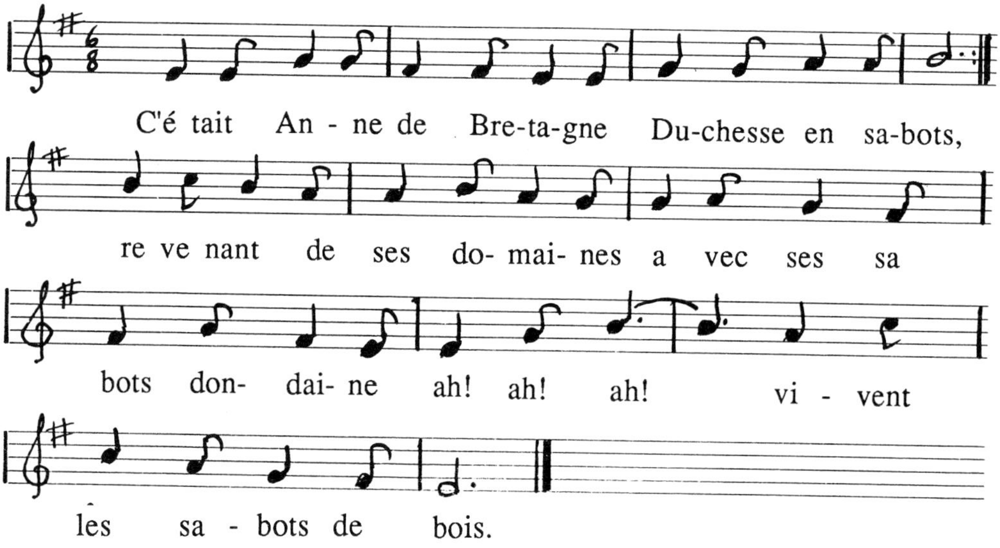

2. Revenant de ses domaines, avec des sabots, (*bis*)
   Entourée de châtelaines, avec des sabots dondaines…

3. Entourée de châtelaines… (*bis*)
   Voilà qu'aux portes de Rennes…

4. Voilà qu'aux portes de Rennes… (*bis*)
   L'on vit trois beaux capitaines…

5. L'on vit trois beaux capitaines… (*bis*)
   Offrir à leur souveraine…

6. Offrir à leur souveraine… (*bis*)
   Un joli pied de verveine…

7. Un joli pied de verveine… (*bis*)
   « S'il fleurit, tu seras reine…

8. S'il fleurit, tu sera reine… (*bis*)
   Elle a fleuri, la verveine…

9. Elle a fleuri, la verveine… (*bis*)
   Anne de France fut reine…

10. Anne de France fut reine… (*bis*)
    Les Bretons sont dans la peine…

11. Les Bretons sont dans la peine… (*bis*)
    Ils n'ont plus de souveraine…

C'est Jean-François de Nantes

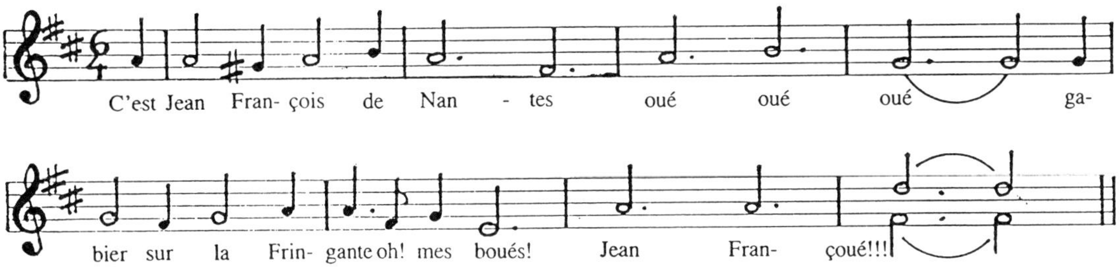

1

C'est Jean-François de Nantes
Oué, oué, oué,
Gabier sur la Fringante
Oh ! mes boués !
Jean-François ! ! !

2

Débarque en fin d'campagne
Oué, oué, oué,
Fier comme un Roi d'Espagne
Oh ! mes boués !
Jean-François ! ! !

3

En vrac dedans sa bourse
Oué, oué, oué,
Il a vingt mois de course
Oh ! mes boués !
Jean-François ! ! !

4

Une montre, une chaîne,
Oué, oué, oué,
Du poids d'une baleine
Oh ! mes boués !
Jean-François ! ! !

5

Et vide la bouteille
Oué, oué, oué,
Tout son or appareille
Oh ! mes boués !
Jean-François ! ! !

6

Montre et chaîne s'envolent
Oué, oué, oué,
Attrape la rougeole
Oh ! mes boués !
Jean-François ! ! !

7

A l'hôpital de Nantes
Oué, oué, oué,
Jean-François se lamente
Oh ! mes boués !
Jean-François ! ! !

8

Pauv' Jean-François de Nantes
Oué, oué, oué,
Gabier sur la Fringante
Oh ! mes boués !
Jean-François ! ! !

Cadet Rousselle

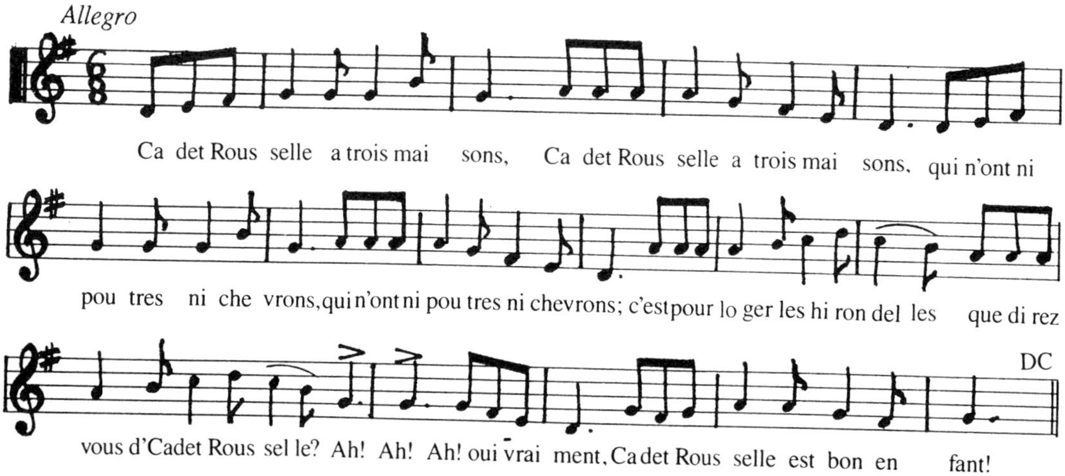

— 2 —

Cadet Rousselle a trois habits (bis)
Deux jaunes, l'autre en papier gris (bis)
Il met celui-là quand il gèle
Ou quand il pleut et quand il grêle,
Ah! Ah! etc...

— 3 —

Cadet Rousselle a trois beaux yeux (bis)
L'un r'garde à Caen, l'autre à Bayeux (bis)
Comme il n'a pas la vue bien nette,
Le troisième c'est sa lorgnette,
Ah! Ah! etc...

— 4 —

Cadet Rousselle a une épée (bis)
Très fine, mais toute rouillée (bis)
On dit qu'ell' n'est ni longu' ni belle,
C'est pour fair' peur aux hirondelles
Ah! Ah! etc...

— 5 —

Cadet Rousselle a trois souliers (bis)
Il en met deux à ses deux pieds (bis)
Le troisièm' n'a pas de semelle,
Il s'en sert pour chausser sa belle,
Ah! Ah! etc...

— 6 —

Cadet Rousselle a trois cheveux (bis)
Qui tombent toujours dans ses yeux (bis)
Et pour imiter la jeunesse,
Il les met tous les trois en tresse,
Ah! Ah! etc...

— 7 —

Cadet Rouselle a trois garçons (bis)
L'un est voleur, l'autre est fripon (bis)
Le troisième est un peu ficelle
Il ressemble à Cadet Rousselle
Ah! Ah! etc...

— 8 —

Cadet Rouselle a trois gros chiens (bis)
L'un court au lièvre, l'autre au lapin (bis)
L' troisièm' s'enfuit quand on l'appelle,
Comm' le chien de Jean de Nivelle
Ah! Ah! etc...

— 9 —

Cadet Rousselle a marié (bis)
Ses trois filles dans trois quartiers (bis)
Les deux premièr's ne sont pas belles,
La troisièm' n'a pas de cervelle,
Ah! Ah! etc...

— 10 —

Cadet Rousselle a trois deniers (bis)
C'est pour payer ses créanciers (bis)
Quand il a montré ses ressources,
Il les remet dedans sa bourse,
Ah! Ah! etc...

— 11 —

Cadet Rousselle ne mourra pas (bis)
Car avant de sauter le pas (bis)
On dit qu'il apprend l'orthographe,
Pour fair' lui-même son épitaphe,
Ah! Ah! etc...

C'est à boire

C'était cinq ou six bons bougres
Sur la rout' de Longjumeau. (*bis*)
Ils entrèr'nt dans une auberge
Pour y boir' du vin nouveau. (*bis*)

Refrain

C'est à boire, à boire, à boire,
C'est à boire, qu'il nous faut !
C'est à boire, à boire, à boire,
C'est à boire qu'il nous faut !

Ils entrèr'nt dans une auberge
Pour y boir' du vin nouveau.
Chacun fouilla dans sa poche
Quand fallut payer l'écot.

(On reprend les 2 derniers vers.)

Le plus riche dans sa bourse
Ne trouva qu'un écu faux.

Qu'on leur prenn' dit la patronne
Leurs capot's et leurs shakos.

Ne fait's pas ça bonne hôtesse
Dir'nt les soldats tous penauds.

Nous somm's partis à la guerre
Depuis six grands mois bientôt.

Et nous n'avons pour fortune
Qu' nos capot's et nos shakos.

Si vous revenez d' la guerre
Dit la patronne aussitôt :

Videz donc beaux militaires,
Tout le vin de mes tonneaux.

Ce n'est qu'un au revoir

1. Faut-il nous quitter sans espoir,
   Sans espoir de retour.
   Faut-il nous quitter sans espoir
   de nous revoir un jour.
   Ce n'est qu'un au revoir, mes frères
   Ce n'est qu'un au revoir.
   Oui, nous nous reverrons, mes frères,
   Ce n'est qu'un au revoir.

2. Formons de nos mains qui s'enlacent
   Au déclin de ce jour (1)
   Formons de nos mains qui s'enlacent
   Une chaîne d'amour.

(1) Ou : Au matin de ce jour.
Au milieu de ce jour.

3. Car l'amitié qui nous rassemble
   Et qui sut nous unir
   Car l'amitié qui nous rassemble
   Saura nous réunir.

Chantons pour passer le temps

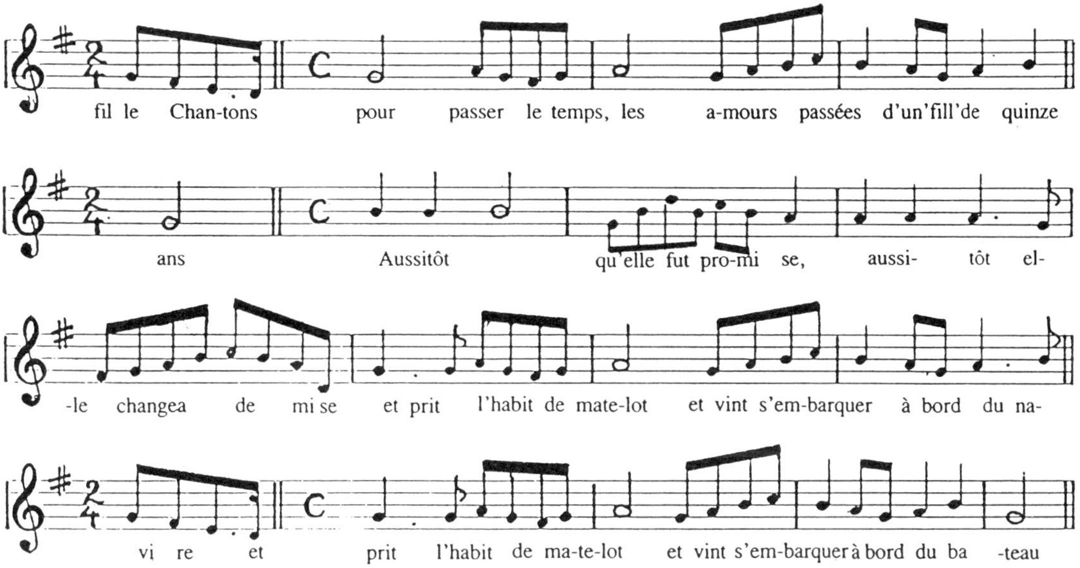

Chantons pour passer le temps
Les amours passées d'une belle fille
Chantons pour passer le temps
Les amours passées d'une fille de quinze ans.
1 Aussitôt qu'elle fut promise
Aussitôt elle changea de mise
Et prit l'habit de matelot
Et vint s'embarquer à bord du navire
Et prit l'habit de matelot
Et vint s'embarquer à bord du bateau.

Le capitaine du bâtiment
Etait enchanté d'un si beau jeune homme,
Le capitaine du bâtiment
Le fit appeler sur l'gaillard avant.
2 « Beau mat'lot, ton joli visage,
Tes cheveux et ton joli corsage
Me font toujours me souvenant
D'une jeune beauté que j'ai tant aimée,
Me font toujours me souvenant
D'une jeune beauté du port de Lorient. »

« Mon capitaine, assurément,
Vous me badinez, vous me faites rire,
Je n'ai ni frère ni parent
Et ne suis pas né au port de Lorient.
3 Je suis né à la Martinique
Et même je suis enfant unique,
Et c'est un vaisseau hollandais
Qui m'a débarqué au port de Boulogne,
Et c'est un vaisseau hollandais
Qui m'a débarqué au port de Calais ».

Ils ont bien vécu sept ans
Sur le même bateau sans se reconnaître,
Ils ont bien vécu sept ans,
Se sont reconnus au débarquement.
4 « Puisqu'enfin l'amour nous rassemble
Nous allons nous marier ensemble,
L'argent que nous avons gagné,
Il nous servira dans notre ménage,
L'argent que nous avons gagné,
Il nous servira dans notre ménage ».

Celui qu'a fait cette chanson,
C'est le gars Camus, gabier de misaine,
Celui qu'a fait cette chanson,
C'est le gars Camus, gabier d'artimon.
5 Matelot, faut hisser d'la toile,
Au cabestan faut qu'tout l'monde y soye,
Et vire, et vire, vire donc,
Sans ça t'auras rien dedans ta gamelle,
Et vire, et vire, vire donc,
Sans ça t'auras pas d'vin dans ton bidon !

Chevaliers de la Table Ronde

2. S'il est bon, s'il est agréable
J'en boirai jusqu'à mon plaisir. *bis*
J'en boirai, oui, oui, oui, *etc.*

3. J'en boira cinq à six bouteilles
Une femme sur mes genoux. *bis*
Une femme, oui, oui, oui, *etc.*

4. Pan, pan, pan, qui frappe à la porte ?
Je crois bien que c'est son mari. *bis*
Je crois bien, oui, oui, oui, *etc.*

5. Si c'est lui, que le diabl' l'emporte
De venir troubler mon plaisir. *bis*
De venir, oui, oui, oui, *etc.*

6. Si je meurs, je veux qu'on m'enterre
Dans la cave où y a du bon vin. *bis*
Dans la cave, oui, oui, oui, *etc.*

7. Les deux pieds contre la muraille
Et la têt' sous le robinet. *bis*
Et la tête, oui, oui, oui, *etc.*

8. Sur ma tomb' je veux qu'on inscrive
« Ici gît le roi des buveurs. » *bis*
Ici gît, oui, oui, oui, *etc.*

Compère Guilleri

Il était un p'tit homme,
Qui s'app'lait Guilleri
Carabi;
Il s'en fut à la chasse,
A la chasse aux perdrix
Carabi,
Titi Carabi, Toto Carabo,
Compère Guilleri, le lairas-tu,
Te lairas-tu, te lairas-tu mouri?

Il s'en fut à la chasse,
A la chasse aux perdrix.
Carabi;
Il monta sur un arbre,
Pour voir ses chiens couri,
Carabi,
Titi Carabi, Toto Carabo,
Compère Guilleri, te lairas-tu,
Te lairas-tu, te lairas-tu mouri?

Il monta sur un arbre,
Pour voir ses chiens couri,
Carabi;
La branche vint à rompre
Et Guilleri tombit,
Carabi,
Titi Carabi, Toto Carabo,
Compère Guilleri, te lairas-tu,
Te lairas-tu, te lairas-tu mouri?

La branche vint à rompre
Et Guilleri tombit,
Carabi;
Il se cassa la jambe
Et le bras se démit,
Carabi,
Titi Carabi, Toto Carabo,
Compère Guilleri, te lairas-tu,
Te lairas-tu, te lairas-tu mouri?

Il se cassa la jambe
Et le bras se démit,
Carabi;
Les dam's de l'hopitale
Sont arrivées au bruit,
Carabi,
Titi Carabi, Toto Carabo,
Compère Guilleri, te lairas-tu,
Te lairas-tu, te lairas-tu mouri?

Les dam's de l'hopitale
Sont arrivées au bruit,
Carabi;
L'une apporte un emplâtre,
L'autre de la charpie,
Carabi;
Titi Carabi, Toto Carabo,
Compère Guilleri, te lairas-tu,
Te lairas-tu, te lairas-tu mouri?

L'une apporte un emplâtre,
L'autre de la charpie,
Carabi;
On lui banda la jambe
Et le bras lui remit,
Carabi,
Titi Carabi, Toto Carabo,
Compère Guilleri, te lairas-tu,
Te lairas-tu, te lairas-tu mouri?

On lui banda la jambe
Et le bras lui remit,
Carabi;
Pour remercier ces dames,
Guill'ri les embrassit,
Carabi,
Titi Carabi, Toto Carabo,
Compère Guilleri, te lairas-tu,
Te lairas-tu, te lairas-tu mouri?

Compère qu'as-tu vu ?

Compèr', qu'as-tu vu?
— Commèr', j'ai bien vu :
J'ai vu un gros bœuf,
Danser sur des œufs
Sans en rien casser.
— Compèr', vous mentez.

Compèr', qu'as-tu vu?
— Commèr', j'ai bien vu :
J'ai vu une vache,
qu'était sur la glace
Dans l'cœur de l'été.
— Compèr', vous mentez.

Compèr', qu'as-tu vu?
— Commèr', j'ai bien vu :
J'ai vu une anguille,
Qui coiffait sa fille
En haut d'un clocher.
— Compèr', vous mentez.

Compèr', qu'as-tu vu?
— Commèr', j'ai bien vu :
J'ai vu un cochon,
qui jouait du violon
Au milieu des prés.
— Compèr, vous mentez.

Compèr', qu'as-tu vu?
— Commèr', j'ai bien vu :
J'ai vu un' grenouille,
Qui filait sa qu'nouille
Au bord d'un fossé.
— Compèr', vous mentez.

Compèr', qu'as-tu vu?
— Commèr', j'ai bien vu :
J'ai vu un crapaud,
Qui montait en haut
L'épée au côté.
— Compèr', vous mentez.

Compèr', qu'as-tu vu?
— Commèr', j'ai bien vu :
J'ai vu une pie,
Qui gagnait sa vie
En f'sant des chap'lets.
— Compèr', vous mentez.

Compèr', qu'as-tu vu?
— Commèr', j'ai bien vu :
J'ai vu un lézard,
Qu'afilait son dard
Pour faucher son blé.
— Compèr', vous mentez.

Compèr', qu'as-tu vu?
— Commèr', j'ai bien vu :
J'ai vu une mouche,
Qui s'rinçait la bouche
Avec un pavé.
— Compèr', vous mentez.

Compèr', qu'as-tu vu?
— Commèr', j'ai bien vu :
J'ai vu un grand loup,
Qui plantait ses choux
Dans son potager.
— Compèr', vous mentez.

Dans cette étable

1

Dans cette étable,
Que Jésus est charmant,
Qu'il est aimable
Dans son abaissement...
Que d'attraits à la fois !!!
Tous les palais des rois
N'ont rien de comparable
A tout ce que je vois
Dans cette étable...

2

Heureux mystère :
Jésus, venant pour nous,
D'un Dieu sévère
Apaise le courroux.
Pour sauver les pêcheurs
Il naît dans la douleur.
Sa grâce familière
Eclipse sa grandeur,
Heureux mystère...

3

S'il est sensible,
Ce n'est qu'à nos malheurs,
Le froid terrible
Ne cause point ses pleurs...
Après tant de bienfaits,
Notre cœur aux attraits
D'un amour si visible
Doit céder désormais
S'il est sensible.

Dans une étable obscure

Dans une étable obscure
Sous le ciel étoilé,
D'une Vierge très pure
L'Enfant Jésus est né...
Le Seigneur Jésus-Christ
Est né dans cette crèche
Quand a sonné minuit !!!

Tandis que les Rois Mages,
Tandis que les bergers
Te portent leurs hommages,
Nous venons te prier...
O Seigneur Jésus-Christ
Pour chanter Ta naissance
Nous voici réunis...

Pleins d'une Foi profonde
Nous voici à genoux...
Seigneur, sauve le monde,
Etends les mains sur nous !!!
O Seigneur Jésus-Christ
Entends notre prière
Qui monte dans la nuit...

Douce nuit

1

Douce nuit, sainte nuit,
Dans les cieux l'astre luit.
Le mystère annoncé s'accomplit :
Cet enfant sur la paille endormi,
C'est l'amour infini, c'est l'amour infini !

2

Doux enfant, doux agneau,
Qu'il est saint, qu'il est beau !
Entendez résonner les pipeaux
Des bergers conduisant leurs troupeaux
Vers son humble berceau, vers son
humble berceau...

3

C'est vers nous qu'il accourt
En un don sans retour...
De ce monde ignorant de l'amour
Où commence aujourd'hui son séjour,
Qu'il soit Roi pour toujours, qu'il soit Roi
pour toujours...

4

Quel accueil pour un roi,
Point d'abri, point de toit...
Dans sa crèche il grelotte de froid !
O pêcheur, sans attendre la croix,
Jésus souffre pour toi, Jésus souffre pour toi...

D'où viens-tu bergère

1

D'où viens-tu, bergère, d'où viens-tu ?
D'où viens-tu, bergère, d'où viens-tu ?
Je viens de l'étable,
De m'y promener,
J'ai vu un miracle
Ce soir arrivé !!!

2

Qu'as-tu vu, bergère, qu'as-tu vu ?
Qu'as-tu vu, bergère, qu'as-tu vu ?
J'ai vu dans la crèche
Un petit enfant,
Sur la paille fraîche
Il rit tendrement...

3

Rien de plus, bergère, rien de plus ?
Rien de plus, bergère, rien de plus ?
Le bœuf et puis l'âne
Réchauffent l'enfant
Avec leur haleine
La nuit en dormant...

4

Rien de plus, bergère, rien de plus ?
Rien de plus, bergère, rien de plus ?
Sainte Marie, sa mère
Lui donne le lait,
Saint Joseph, son père,
Le garde de près...

5

Rien de plus, bergère, rien de plus ?
Rien de plus, bergère, rien de plus ?
Quatre petits anges
Sont venus du Ciel
Chanter les louanges
Du Père éternel...

6

Est-il beau, bergère, est-il beau ?
Est-il beau, bergère, est-il beau ?
Plus beau qu'une étoile
Et que le soleil,
Jamais sur la terre
Ne vis son pareil !!!

7

Allons-y, bergère, allons-y !
Allons-y, bergère, allons-y !
Portons-lui des langes
Pour qu'il ait bien chaud,
Et pour sa couchette
Un petit berceau !!!

Et moi de m'en courir

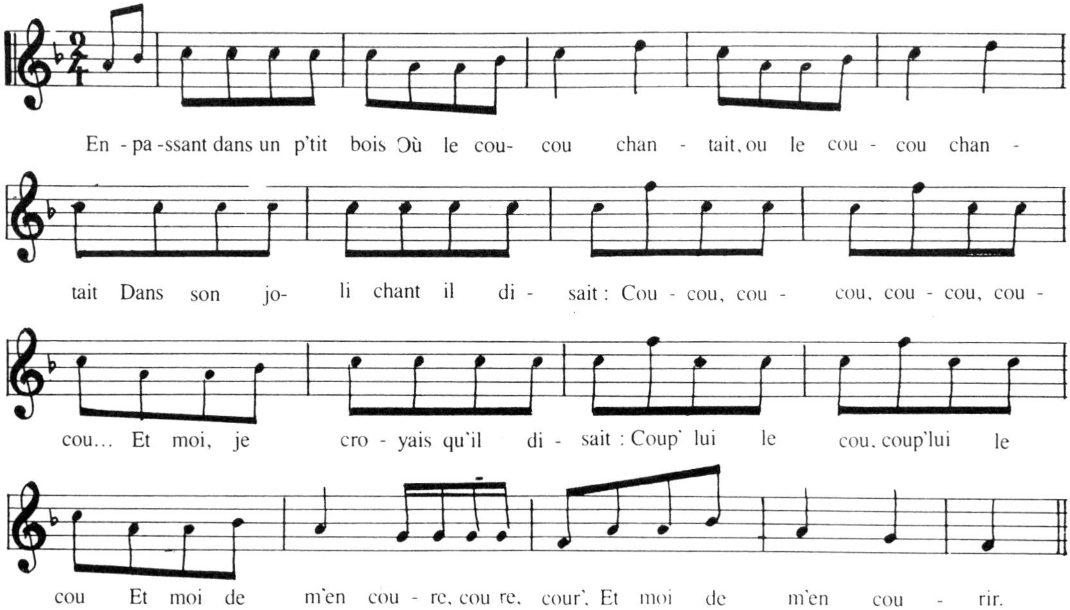

— 1 —

En passant dans un p'tit bois
Où le coucou chantait, (bis)
Dans son joli chant il disait :
Coucou, coucou, coucou, coucou...
Et moi, je croyais qu'il disait :
Coup' lui le cou, coup' lui le cou...
Et moi de m'en coure, coure, cour',
Et moi de m'encourir.

— 2 —

En passant près d'un moulin
Où les meules tournaient, (bis)
En tournant, tournant, ell's faisaient :
Tic tac, tic tac, tic tac, tic tac...
Et moi, je croyais qu'ell's disaient
Mets-le dans l'sac, mets-le dans l'sac...
Et moi de m'en coure, coure, cour',
Et moi de m'encourir.

— 3 —

En passant dedans le pré
Où les faucheurs fauchaient, (bis)
Dans leur joli chant ils disaient :
Ah! quell'chaleur ! Ah ! quell'chaleur...
Et moi, je croyais qu'ils disaient :
Ah! quel voleur! Ah! quel voleur!...
Et moi de m'en coure, coure, cour',
Et moi de m'encourir.

— 4 —

En passant d'vant un village
Où les enfants jouaient, (bis)
Dans leur joli chant ils disaient :
Ce n'est pas d'jeu, ce n'est pas d'jeu..
Et moi, je croyais qu'ils disaient :
Jett'le dans l'feu, jett'le dans l'feu...
Et moi de m'en coure, coure, cour',
Et moi de m'encourir.

— 5 —

En passant près d'un couvent
Où les moines chantaient, (bis)
Dans leur joli chant ils disaient :
Alleluia ! Alleluia !...
Et moi, je croyais qu'ils disaient :
Ah ! le voilà ! Ah ! le voilà !...
Et moi de m'en coure, coure, cour',
Et moi de m'encourir.

— 6 —

En passant d'vant un' maison
Où la bonn' femm' chantait, (bis)
Dans son joli, chant ell' disait :
Dodo, dodo, dodo, dodo...
Et moi, je croyais qu'ell' disait :
Cass'-lui les os, cass'-lui les os...
Et moi de m'en coure, coure, cour',
Et moi de m'encourir.

— 7 —

En passant près d'un étang
Où les canards chantaient, (bis)
Dans leur joli chant ils disaient :
Cancan, cancan, cancan, cancan…
Et moi, je croyais qu'ils disaient :
Jett'le dedans, jett'le dedans…
Et moi de m'en coure, coure, cour',
Et moi de m'encourir.

En passant par la Lorraine

1. En passant par la Lorraine,
   Avec mes sabots,
   Rencontrai trois capitaines, (*bis*)
   Avec mes sabots dondaine
   Oh ! Oh ! Oh !
   Avec mes sabots.

2. Rencontrai trois capitaines… (*bis*)
   Ils m'ont appelé : Vilaine !…

3. Ils m'ont appelé : Vilaine !… (*bis*)
   Je ne suis pas si vilaine…

4. Je ne suis pas si vilaine… (*bis*)
   Puisque le fils du roi m'aime…

5. Puisque le fils du roi m'aime… (*bis*)
   Il m'a donné pour étrenne…

6. Il m'a donné pour étrenne… (*bis*)
   Un bouquet de marjolaine…

7. Un bouquet de marjolaine… (*bis*)
   Je l'ai planté sur la plaine…

8. Je l'ai planté sur la plaine… (*bis*)
   S'il fleurit je serai reine…

9. S'il fleurit, je serai reine… (*bis*)
   S'il y meurt, je perds ma peine…

Entre le boeuf et l'âne gris

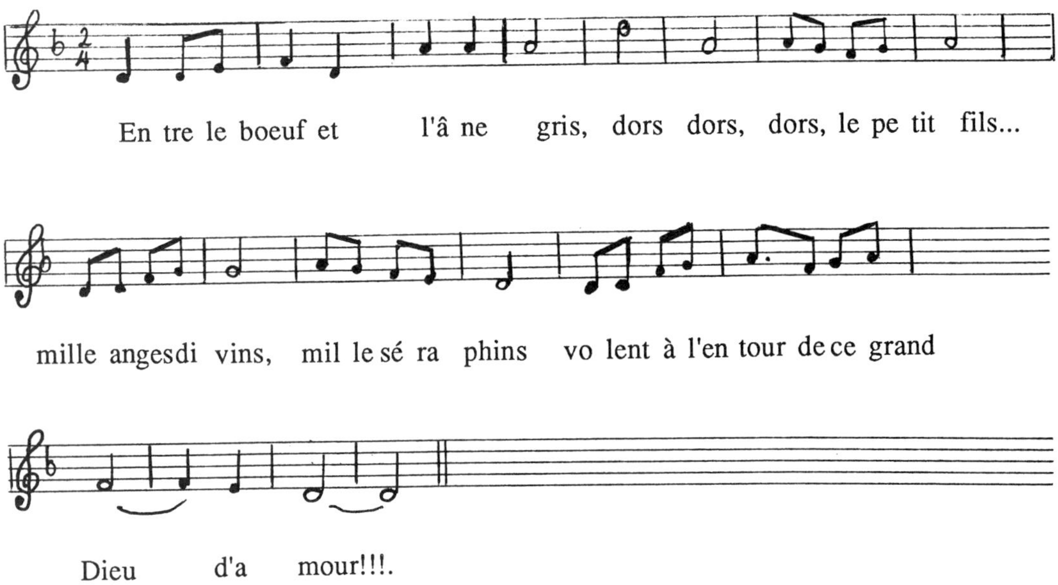

REFRAIN

Mille anges divins,
Mille séraphins
Volent à l'entour
De ce grand Dieu d'amour !!!

1

Entre le bœuf et l'âne gris,
Dors, dors, dors, le petit fils...

2

Entre les deux bras de Marie,
Dors, dors, dors, le petit fils...

3

Entre les roses et les lys,
Dors, dors, dors, le petit fils...

4

Entre les pastoureaux jolis,
Dors, dors, dors, le petit fils...

Fanchon

Refrain

Ah ! que son entretien est doux,
Qu'elle a de mérite et de gloire.
Elle aime à rire, elle aime à boire,
Elle aime à chanter comme nous,

Elle aime à rire, elle aime à boire,
Elle aime à chanter comme nous,
Elle aime à rire, elle aime à boire,
Elle aime à chanter comme nous,
Oui comme nous.

1. Amis, il faut faire une pause :
J'aperçois l'ombre d'un bouchon.
Buvons à l'aimable Fanchon,
Chantons pour elle quelque chose.

2. Fanchon préfère la grillade
A d'autres mets plus délicats.
Son teint prend un nouvel éclat
Quand on lui verse un rasade.

3. Fanchon, quoique bonne chrétienne,
Fut baptisée avec du vin :
Un Bourguignon fut son parrain,
Une Bretonne sa marraine.

4. Si quelquefois elle est cruelle,
C'est quand on lui parle d'amour ;
Mais moi je ne lui fais la cour
Que pour m'enivrer avec elle.

Faut avoir du courage

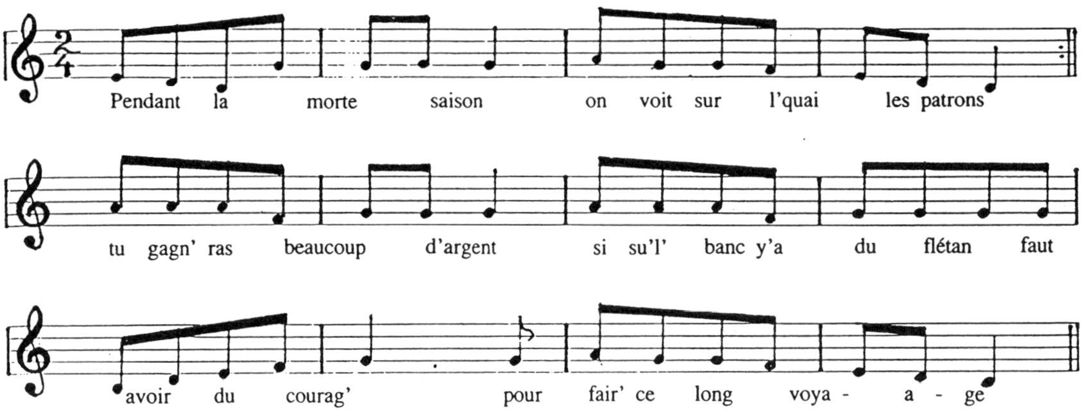

REFRAIN

Faut avoir du courage
pour faire ce long voyage ! (*bis*)

1

Pendant la morte-saison
on voit sur le quai les patrons
qui demandent : « Veux-tu que je t'engage ?
tu auras de forts bons gages
tu gagneras beaucoup d'argent
si sur le banc il y a du flétan ! »

2

Le départ étant arrivé,
chacun descend sur le quai
faut faire ses adieux bien vite
le Capitaine appelle de suite
« Répondez à votre nom
embarquez donc les garçons ! »

3

Arrivés sur les grands bancs
on y voit des glaces
on mesure les brassées d'eau
pour y prendre sa place
on mesure les brassées d'eau,
pour s'y placer comme il faut

4

L'équipage étant à bord,
chacun se dispose
à prendre son petit déjeuner
qui n'est pas grand chose,
après ce joli repas
le guindeau vous casse les bras !

5

Quand on est sur les grands bancs,
on crie on se déhausse,
chacun se lève soudain
pour aller boire la goutte
de tribord comme de babord
les doris s'en vont dehors.

6

Dans le doris les hommes s'en vont
pour pêcher toute la journée
et quand il est plein de poissons
faut encore le décharger
Hale dessus c'est de la morue !
Hale dedans c'est du flétan !

Il est né le divin enfant

REFRAIN

Il est né, le divin enfant,
Jouez hautbois, résonnez musettes,
Il est né, le divin enfant,
Chantons tous son avènement...

1

Depuis plus de quatre mille ans
Nous le promettaient les Prophètes,
Depuis plus de quatre mille ans
Nous attendions cet heureux temps...

2

Une étable est son logement,
Un peu de paille est sa couchette,
Une étable est son logement,
Pour un Dieu quel abaissement !!!

3

O Jésus, ô Roi tout puissant,
Tout petit enfant que vous êtes,
O Jésus, ô Roi tout puissant,
Régnez sur nous entièrement...

Il était une dame Tartine

Il était un' dame Tartine
Dans un beau palais de beurr' frais
Les muraill's étaient de pralines,
Le parquet était de croquet;
Sa chambre à coucher
De crème de lait,
Son lit de biscuits,
Les rideaux d'anis.

Quand ell' s'en allait à la ville,
Elle avait un petit bonnet,
Les rubans étaient de pastilles,
Et le fond de bon raisiné;
Sa petit' carriole
Était d' croquignoles,
Ses petits chevaux
Étaient d' pâtés chauds.

Elle épousa môssieu Gimblette
Coiffé d'un beau fromage blanc
Son habit était de galette,
Sa chemise de vol-au-vent,
Culotte en nougat,
Gilet d' chocolat,
Bas de caramel
Et souliers de miel.

Leur fille, la belle Charlotte
Avait un nez de massepain,
De superbes dents de compote,
Des oreilles de craquelin;
Elle savait garnir
Sa rob' de plaisir
Avec un rouleau
De pât' d'abricot.

Le joli prince Limonade,
Bien frisé, vint faire sa cour,
Cheveux garnis de marmelade
Et de pommes cuites au four;
Son royal bandeau
De petits gâteaux
Et de raisins secs
Portait au respect.

On frémit en voyant sa garde
De câpres et de cornichons,
Armés de fusils de moutarde
Et de sabr' en pelur' d'oignons;
Pralin's et fondants
S'avancent en rang,
Et les petits fours
Battent du tambour.

Sur un grand trône de brioches
Charlotte et le roi vont s'asseoir,
Les bonbons sortent de leurs poches
Depuis le matin jusqu'au soir;
Les petits enfants,
Avant tout gourmands,
Se montrent ravis
D'être ainsi servis.

Mais hélas ! la fée Carabosse,
Jalouse et de mauvaise humeur,
Renversa d'un coup de sa bosse
Le palais sucré du bonheur;
Pour le rebâtir,
Donnez à loisir,
Donnez, bons parents,
Du sucre aux enfants.

Il était un petit navire

— 2 —

Il partit pour un long voyage (bis)
Sur la mer Mé-Mé-Méditerranée (bis)
Ohé! Ohé!

— 3 —

Au bout de cinq à six semaines (bis)
Les vivres vin-vin-vinrent à manquer (bis)
Ohé! Ohé!

— 4 —

On tira z'a la courte paille (bis)
Pour savoir qui-qui-qui sera mangé (bis)
Ohé! Ohé!

— 5 —

Le sort tomba sur le plus jeune (bis)
C'est donc lui qui-qui-qui fut désigné (bis)
Ohé! Ohé!

— 6 —

On cherche alors à quelle sauce (bis)
Le pauvre enfant-fant-fant sera mangé (bis)
Ohé! Ohé!

— 7 —

L'un voulait qu'on le mît à frire (bis)
L'autre voulait lait-lait le fricasser (bis)
Ohé! Ohé!

— 8 —

Pendant qu'ainsi l'on délibère (bis)
Il monte en haut haut haut du grand hunier (bis)
Ohé! Ohé!

— 9 —

Il fait au ciel une prière (bis)
Interrogeant-geant-geant l'immensité (bis)
Ohé! Ohé!

— 10 —

Mais regardant la mer entière (bis)
Il vit des flots-flots-flots de tous côtés (bis)
Ohé! Ohé!

— 11—

O sainte Vierge, O ma patronne (bis)
Cria le pau-pau-pauvre infortuné (bis)
Ohé! Ohé!

— 12 —

Si j'ai péché, vite pardonne (bis)
Empêche-les-les-les de me manger (bis)
Ohé! Ohé

— 13 —

Au même instant un grand miracle (bis)
Pour l'enfant fut-fut-fut réalisé (bis)
Ohé! Ohé!

— 14 —

Des p'tits poissons dans le navire (bis)
Sautèrent par par par et par milliers (bis)
Ohé! Ohé!

— 15 —

On les prit, on les mit à frire (bis)
Le jeune mou-mou-mousse fut sauvé (bis)
Ohé! Ohé!

— 16 -

Si cette histoire vous amuse (bis)
Nous allons la-la-la recommencer (bis)
Ohé! Ohé!

Il pleut, bergère

— 1 —

Il pleut, il pleut, bergère!
Presse tes blancs moutons,
Entends-tu le tonnerre?
Bergère, vite allons!
J'entends sur le feuillage
L'eau qui tombe à grand bruit;
Fuyons, fuyons l'orage;
Voici l'éclair qui luit.

— 2 —

Courons, courons, bergère!
Vois-tu briller là-bas
Le toit de ma chaumière?
Il nous abritera;
Voici notre cabane,
La porte va s'ouvrir;
Ma mère et ma sœur Anne
Viendront nous accueillir.

— 3 —

Bonsoir, bonsoir, ma mère.
Ma sœur Anne, bonsoir;
J'amène la bergère
Près de vous pour ce soir.
Qu'on mène dans l'étable
Ses brebis, ses agneaux;
Et mettons sur la table
Laitage et fruits nouveaux.

— 4 —

On soupe, on rit, on chante,
L'orage s'est calmé;
Une amitié touchante
Unit ces cœurs charmés.
Bientôt la bergerette,
Lasse, et fermant les yeux,
S'endort dans sa chambrette
Et fait un rêve heureux.

J'ai descendu dans mon jardin

1. J'ai descendu dans mon jardin, (*bis*)
Pour y cueillir le romarin.

Refrain

Gentil coqu'licot, Mesdames
Gentil coqu'licot nouveau !

2. Pour y cueillir du romarin, (*bis*)
J' n'en avais pas cueilli trois brins…

3. J' n'en avais pas cueilli trois brins, (*bis*)
Qu'un rossignol vint sur ma main…

4. Qu'un rossignol vint sur ma main… (*bis*)
Il me dit trois mots en latin…

5. Il me dit trois mots en latin, (*bis*)
Que les homm' ils ne valent rien…

6. Que les homm' ils ne valent rien, (*bis*)
Et les garçons encor' bien moins !…

7. Et les garçons encor' bien moins, (*bis*)
Des dames, il ne me dit rien…

8. Des dames, il ne me dit rien, (*bis*)
Mais des d'moisell' beaucoup de bien.

J'ai fait une maîtresse

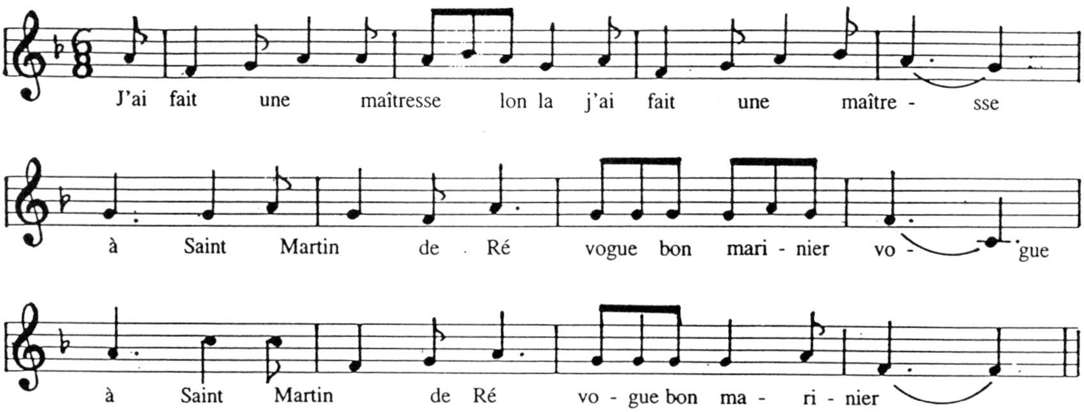

1

J'ai fait une maîtresse lonla
j'ai fait une maîtresse
à Saint-Martin de Ré
Vogue bon marinier vogue !
à Saint-Martin de Ré
Vogue bon marinier !

2

J'irai la voir dimanche...
dimanche après souper.

3

Je la trouvis seulette
sur son lit à pleurer

4

Ah qu'as-tu donc la belle
qu'as-tu donc à pleurer ?

5

J'ai appris la nouvelle
que tu allais embarquer

6

A bord d'un grand navire
un beau trois mâts carré

7

Qui t'a dit ça la belle
t'a dit la vérité

8

Prépare moi mon sac
mes bottes et mes cirés

9

Le navire est en rade
prêt à appareiller

10

Les grands huniers sont largués
les focs les voiles d'étai

11

Les ancres sont à pic
tout prêt à embarquer

12

Et quand ils furent au large
on entendit sonner

13

Demande au capitaine :
qu'est-ce qu'on entend sonner '

14

Galant c'est ta maîtresse
que l'on vient d'enterrer

15

Ah donnez-moi mon sabre
mon sabre et mon épée !

16

Faut-il pour une fille
y voir son sang couler

17

T'en trouveras une autre
au pays étranger

18

Ça ne sera pas la mienne
celle que j'ai tant aimé !

J'ai perdu le *do* de ma clarinette

J'aime mieux ma mie

1. Si le roi m'avait donné
   Paris, sa grand-ville
   Et qu'il me fallût quitter
   L'amour de ma mie,
   Je dirais au roi Henri :
   « Reprenez votre Paris.
   J'aime mieux ma mie, oh ! gai !
   J'aime mieux ma mie. »

2. La puissance et la grandeur
   Me font peur d'envie.
   On y doit aux spectateurs
   Compte de sa vie.
   Plutôt que ces vanités
   Que ces bonheurs frelatés,
   J'aime mieux ma mie, oh ! gai !
   J'aime mieux ma mie.

3. Qu'au travers de mille morts
   Sur la terre et l'onde
   On courre après les trésors
   Dans les nouveaux mondes.
   Quand à moi pour être heureux,
   Plus que ces lieux prodigieux.
   J'aime mieux ma mie, oh ! gai !
   J'aime mieux ma mie.

Jeanneton prend sa faucille

1. Jeanneton prend sa faucille
   Larirette, Larirette,
   Jeanneton prend sa faucille
   Pour aller couper les joncs. (*bis*)

2. En chemin, elle rencontre
   Larirette, Larirette,
   En chemin, elle rencontre
   Quatre jeun's et beaux garçons.

3. Le premier, un peu timide
   Larirette, Larirette,
   Le premier, un peu timide
   Lui chatouilla le menton. (*bis*)

4. Le deuxième un peu moins sage
   Larirette, Larirette,
   Le deuxième un peu moins sage
   La coucha sur le gazon. (*bis*)

5. Le troisième, encor' moins sage
   Larirette, Larirette,
   Le troisième, encor' moins sage
   Lui soul'va son blanc jupon. (*bis*)

6. Ce que fit le quatrième
   Larirette, Larirette,
   Ce que fit le quatrième
   N'est point dit dans la chanson. (*bis*)

7. Si vous le saviez, Madame,
   Larirette, Larirette,
   Si vous le saviez, Madame
   Vous iriez couper du jonc ! (*bis*)

Je cherche fortune

2. Chez l' cordonnier (*bis*)
Fais-moi crédit (*bis*)
J'ai pas d'argent (*bis*)
J' paierai sam'di (*bis*)
Si tu n' veux pas
M' donner d' sabots
J' te fourr' la têt'
Sous ton marteau.

3. Chez l' pharmacien (*bis*)
Fais-moi crédit (*bis*)
Si tu n' veux pas
M' donner d'aspro
J' te fourr' la tête
Dans tes bocaux.

4. Chez M'sieur l' curé (*bis*)
Fais-moi crédit (*bis*)
Si tu n' veux pas
Me confesser
J' te fourr' la tête
Dans l' bénitier.

5. Chez Monsieur l' maire (*bis*)
Fais-moi crédit (*bis*)
Si tu n' veux pas
Me marier
J' te four' la têt'
Dans l'encrier.

La Bordelaise

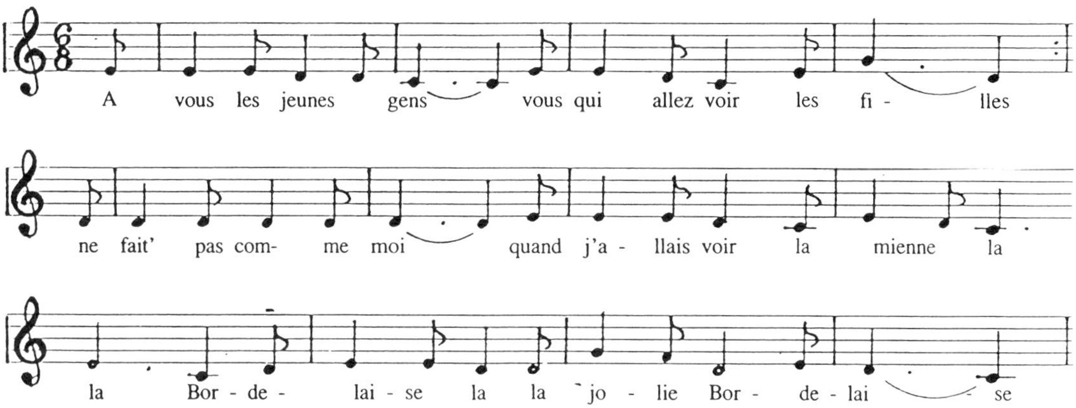

1

A vous les jeunes gens,
vous qui allez voir les filles | (*bis*)
ne faites pas comme moi
quand j'allais voir la mienne

REFRAIN

La Bordelaise, la
la jolie Bordelaise

2

Je fis dresser un bal
pour danser avec elle

3

Quand le bal fut fini
que la soirée fût faite

4

Je la pris par la main
pour la conduire chez elle

5

Je l'asseois sur un banc
et moi à côté d'elle

6

Je lui ai demandé :
« qui est votre amant la belle ? »

7

Elle en fut tant gênée
qu'elle ne sut me répondre

8

Son frère qui était là
m'a répondu pour elle :

9

« Ma sœur n'a pas d'amant
monsieur voulez-vous l'être ? »

10

« Si je suis son amant
elle sera ma maîtresse

11

Le cadeau que je lui ferai
en vaudra bien la peine

12

Cinq-six mètres de rubans
et autant de dentelles

13

Le ruban servira
pour mettre à sa jarretière

14

La dentelle servira
pour mettre à sa chemise ».

La boiteuse

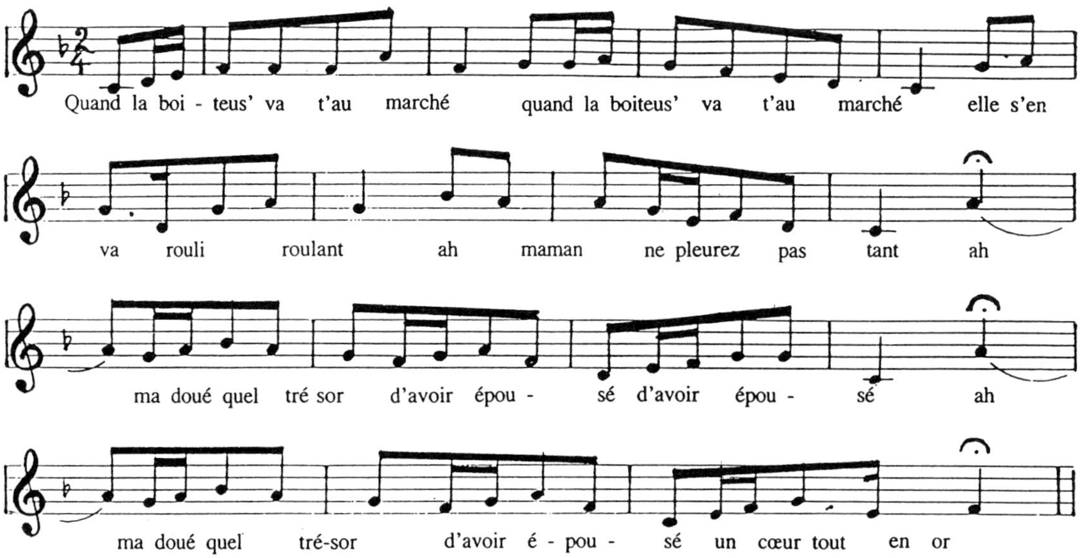

1 Quand la boiteuse va-t-au marché
Quand la boiteuse va-t-au marché (*en chœur*)
Avec son beau petit panier
Avec son beau petit panier (*en chœur*)
Elle s'en va rouli-roulant
Ah ! maman ne pleurez pas tant !
Ah ! ma Doué quel trésor
D'avoir épousé, d'avoir épousé !
Ah ! ma Doué quel trésor (*en chœur*)
D'avoir épousé
Un cœur tout en or !

2 Elle emmène aussi son gabier
Elle emmène aussi son gabier (*en chœur*)
C'est lui qui la fait manœuvrer
C'est lui qui la fait manœuvrer. (*en chœur*)
Elle s'en va rouli-roulant
Ah ! maman ne pleurez pas tant !
Ah ! ma Doué quel trésor
D'avoir épousé, d'avoir épousé !
Ah ! ma Doué quel trésor (*en chœur*)
D'avoir épousé
Un cœur tout en or !

3 Sur fond de plumes la fait mouiller
Sur fond de plumes la fait mouiller (*en chœur*)
Lui prend trois ris dans son tablier
Lui prend trois ris dans son tablier. (*en chœur*)
Elle s'en va rouli-roulant
Ah ! maman ne pleurez pas tant !
Ah ! ma Doué quel trésor
D'avoir épousé, d'avoir épousé !
Ah ! ma Doué quel trésor (*en chœur*)
D'avoir épousé
Un cœur tout en or !

4 Et sa cotte lui fait carguer
Et sa cotte lui fait carguer (*en chœur*)
Sa chemise lui fait serrer
Sa chemise lui fait serrer. (*en chœur*)
Elle s'en va rouli-roulant
Ah ! maman ne pleurez pas tant !
Ah ! ma Doué quel trésor
D'avoir épousé, d'avoir épousé !
Ah ! ma Doué quel trésor (*en chœur*)
D'avoir épousé
Un cœur tout en or !

5 Puis à courir le beau gabier
Puis à courir le beau gabier (*en chœur*)
Il lui guinde un mât de hunier
Il lui guinde un mât de hunier. (*en chœur*)
Elle s'en va rouli-roulant
Ah ! maman ne pleurez pas tant !
Ah ! ma Doué quel trésor
D'avoir épousé, d'avoir épousé !
Ah ! ma Doué quel trésor (*en chœur*)
D'avoir épousé
Un cœur tout en or !

6 Quand la boiteuse vient du marché
Quand la boiteuse vient du marché (*en chœur*)
Qu'apporte-t-elle dans son panier
Qu'apporte-t-elle dans son panier ? (*en chœur*)
Elle s'en va rouli-roulant
Ah ! maman ne pleurez pas tant !
Ah ! ma Doué quel trésor
D'avoir épousé, d'avoir épousé !
Ah ! ma Doué quel trésor (*en chœur*)
D'avoir épousé
Un cœur tout en or !

7 Un petit mousse sur chantier
Un petit mousse sur chantier (*en chœur*)
Avant dix mois sera lancé
Avant dix mois sera lancé. (*en chœur*)
Elle s'en va rouli-roulant
Ah ! maman ne pleurez pas tant !
Ah ! ma Doué quel trésor
D'avoir épousé, d'avoir épousé !
Ah ! ma Doué quel trésor
D'avoir épousé
Un cœur tout en or ! (*en chœur*)

La Carmeline

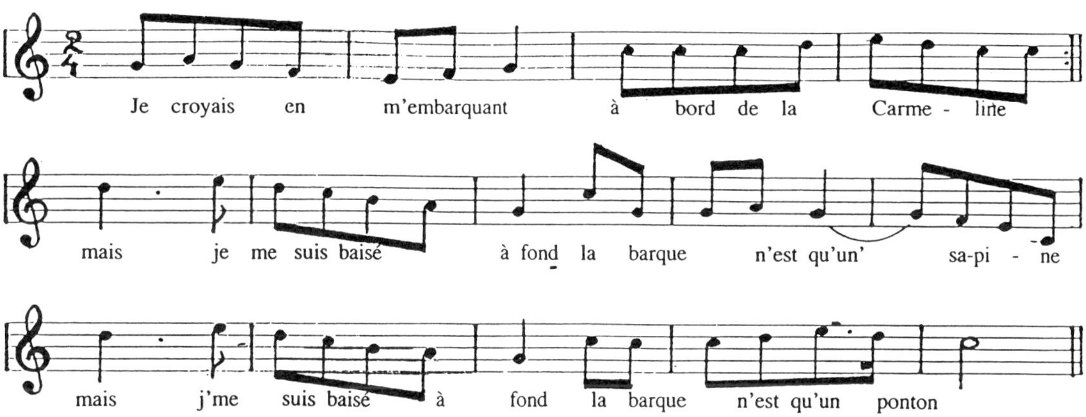

1
Je croyais en m'embarquant
à bord de la Carmeline
faire un voyage d'agrément
de Bordeaux jusqu'à la Chine
mais je me suis baisé à fond
la barque n'est qu'une sapine
mais je me suis baisé à fond
la barque n'est qu'un ponton !

2
Le Capitaine n'est qu'un requin
le second n'est qu'un soldat !
le lieutenant un failli chien
le bosco qu'un renégat !
ils se promènent comme des morpions
sur l'arrière de la sapine...

3
En arrivant à Hong Kong
nous descendons quinze à terre
nous rencontrons le second
qui nous dit d'un air sévère
vous avez sans permission
abandonné la sapine...

4
Le capitaine dit je ne peux pas
m'empêcher de vous punir
cinq de fer et cinq en bas
pour vous apprendre à courir
mais le consul de Canton
vient dîner sur la sapine...

5
Il voit bien que le capitaine
officiers et maîtres autant
comme des forçats nous mènent
que c'en est bien emmerdant
que tous nous déserterons
ce bagne foutu sapine...

6
Le consul dit : « mes garçons
vous faites un triste voyage
je ferai lever vos punitions
si vous promettez d'être sages
oui consul nous promettons
de ramener la sapine... »

7
C'est bien la faute au capitaine
comme sur la Carmeline
que les hommes sont dans la peine
toute une campagne de Chine
qu'elle devient par ces façons
une sacrée maudite sapine...

La chèvre

1. Il était une chèvr', de fort tempérament,
Qui revenait d'Espagne et parlait
[l'allemand,
Ballottant d' la queue,
Et grignotant des dents,
Ballottant d' la queue,
Et grignotant des dents.

2. Ell' revenait d'Espagne et parlait
[l'allemand,
Elle entra par hasard dans le champ
[d'un Normand.

3. Elle entra par hasard dans le champ
[d'un Normand,
Ell' y vola un chou qui valait bien 3 francs.

4. Ell' y vola un chou qui valait bien 3 francs,
Et la queue d'un poireau qu'en valait bien
[autant.

5. Et la queue d'un poireau qu'en valait bien
[autant,
Le Normand l'assigna devant le
[Parlement.

6. Le Normand l'assigna devant le
[Parlement,
La chèvre comparut et s'assit sur un
[banc.

7. La chèvre comparut et s'assit sur un
[banc.
Puis elle ouvrit le Code et regarda
[dedans.

8. Puis elle ouvrit le Code et regarda
[dedans,
Ell' vit que son affaire allait fort
[tristement.

9. Ell' vit que son affaire allait fort
[tristement,
Lors, elle ouvrit la porte et prit la clef
[des champs.

La complainte de Jean Quémeneur

1

Il s'appelait Jean Quemeneur
Il était l'fils d'une demi-sœur
De la fameuse Madame Larmeur,
La grande Hortense,
Celle qui tenait un caboulot
« Aux gars d'Dinard et d'Saint-Malo »
En face la Caserne du Dépôt
A Recouvrance...

2

Sa mère était une Kermarec
Vous savez bien, d'Lambezellec,
Une grosse sentant du bec,
Qui n'eut pas d'chance
Avec Jean, son premier mari,
Bon garçon, mais faible d'esprit,
Qui dans son grenier se pendit
A Recouvrance...

3

C'est par un'nuit qu'il vit le jour
Au 13 de la rue de la Tour,
Il faisait noir comme dans un four,
Et, pas de chance,
Avec ça un vrai temps d'canard,
D'la pluie, du vent et du brouillard,
Ce qui mit la sag'femme en r'tard
A Recouvrance...

4

Mais le malheur vint, qui l'eût cru !
Son père, un soir qu'il était bu,
Tomba sur la tête et mourut
Sans connaissance...
Et sa mère eut ce mot touchant :
Gast ! me voilà veuve à présent,
J'aurai plus d'père pour mon enfant
A Recouvrance...

5

Puis sa mère mourut à son tour
Toujours au 13 d'la rue d'la Tour,
Mais sa tante Yvonne Marc'hadour
Qu'avait d'l'aisance
Et du cœur autant que d'l'argent,
Jura, le soir de l'enterr'ment,
De veiller sur le pitit Jean
A Recouvrance...

6

Puis il grandit. Quand il fut grand,
Travailleur et intelligent,
Il voulut faire un vétéran,
Ici commence
L'histoire de ses amours avec
Marie-Madeleine Poulaouec,
La nièce de Jean-François Cusec
A Recouvrance...

7

Elle était jolie comme un cœur,
Il l'épousa, fou de bonheur,
En notre Eglise de Saint-Sauveur,
Ah ! Quelle bombance ! ! !
Aussi qu'ell' gaieté, quel entrain
Jusqu'à trois heur', lend'main matin,
Dans les salons du P'tit Jardin
A Recouvrance...

8

Mais à cinq ou six jours de là
Cette drôlesse le trompa
Avec un Sigond Mait' Calfat
Plein de prestance,
Un Sergent Major, un Fourrier,
Un Commis du port, un Pompier,
Un Sergent d'Ville et tout l'quartier
A Recouvrance...

9

Pis v'là ti pas qu'à Kervalon,
Femme sans cœur et sans raison,
Ell' fit d'un Quartier Mait' Clairon
La connaissance...
Ils s'en allèr', bras d'ssous, bras d'ssus,
Au Pardon d'la Chapell' Jésus,
Depuis on n'les a plus revus
A Recouvrance...

10

Le pauvre Jean, pour oublier,
Se mit à boire, à s'arsouiller
Dans tous les bistrots du quartier,
A l'Espérance,
Au débit d'la mère Pouliquen,
Et même « Au retour du Tonkin »
On n'voyait qu'lui soir et matin
A Recouvrance...

11

Bref, un soir qu'il ventait très fort,
Roulant de tribord à babord,
Il finit dans le fond du Port
Son existence,
Ayant voulu, le pauvr'garçon,
Aidé de son ami Kerouanton,
Larguer l'amarre du pitit Pont
A Recouvrance...

La complainte de saint Nicolas

on reprend: *ils étaient trois petits enfants*
qui s'en allaient glaner aux champs
sans presser sans presser

(et ainsi pour chaque couplet)

1. Ils étaient trois petits enfants
Qui s'en allaient glaner aux champs.
Tant sont allés et tant venus
Que sur le soir se sont perdus.
Ils sont allés chez le boucher :
— Boucher, voudrais-tu nous loger ?

2. — Entrez, entrez petits enfants
Y'a de la place assurément.
Ils n'étaient pas sitôt entrés
Que le boucher les a tués,
Les a coupés en p'tits morceaux
Et puis salés dans un tonneau.

3. Saint Nicolas au bout d' sept ans
Vint à passer dedans ce champ,
Alla frapper chez le boucher :
— Boucher, voudrais-tu me loger ?
— Entrez, entrez, saint Nicolas,
Y'a de la place, il n'en manqu' pas.

4. Il n'était pas sitôt entré
Qu'il a demandé à souper.
On lui apporte du jambon
Il n'en veut pas il n'est pas bon.
On lui apporte du rôti
Il n'en veut pas il n'est pas cuit.

5. — Du p'tit salé je veux avoir
Qu'il y a sept ans qu'est au saloir
Quand le boucher entendit ça
Bien vivement il se sauva.
— Petits enfants qui dormez là
Je suis le grand saint Nicolas.

6. Le grand saint étendit trois doigts
Les trois enfants ressuscita.
Le premier dit : « J'ai bien dormi. »
Le second dit : « Et moi aussi. »
A ajouté le plus petit :
« Je croyais être au Paradis. »

La Danaë

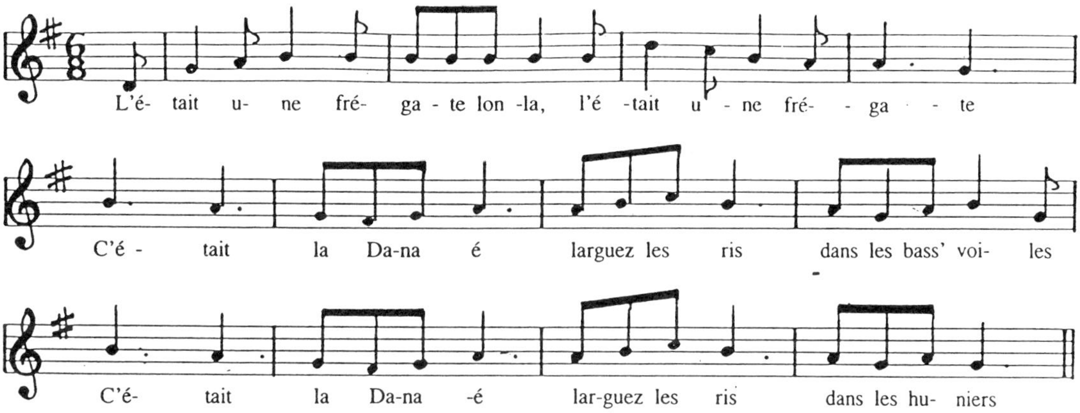

1

L'était une frégate, lon, la,
L'était une frégate,
C'était la Danaé…

2

A son premier vovage, lon, la,
A son premier voyage
La frégate a sombré

3

Seul de tout l'équipage, lon, la,
Seul de tout l'équipage
Un gabier s'est sauvé

4

Il aborde une plage, lon, la,
Il aborde une plage
Il savait bien nager

5

Mais là sur le rivage, lon, la,
Mais là sur le rivage
Une belle éplorée

REFRAIN

Larguez les ris
Dans les bass' voiles
C'était la Danaë
Larguez les ris
Dans les huniers…

6

Pourquoi pleurer, la belle, lon, la,
Pourquoi pleurer, la belle,
Pourquoi si tant pleurer ?

7

Je pleure mon avantage, lon, la,
Je pleure mon avantage
Dans la mer est tombé…

8

Qu'aurai-je donc, la belle, lon, la,
Qu'aurai-je donc, la belle,
Si je vais le chercher ?

9

Vous en ferai offrande, lon, la,
Vous en ferai offrande
Avec mon amitié…

10

A la première plonge, lon, la,
A la première plonge
Gabier n'a rien trouvé…

11

A la centième plonge, lon, la,
A la centième plonge
Le pauvre s'est noyé…

12

Car jamais avantage, lon, la,
Car jamais avantage
Perdu n'est retrouvé…

La femme du Président

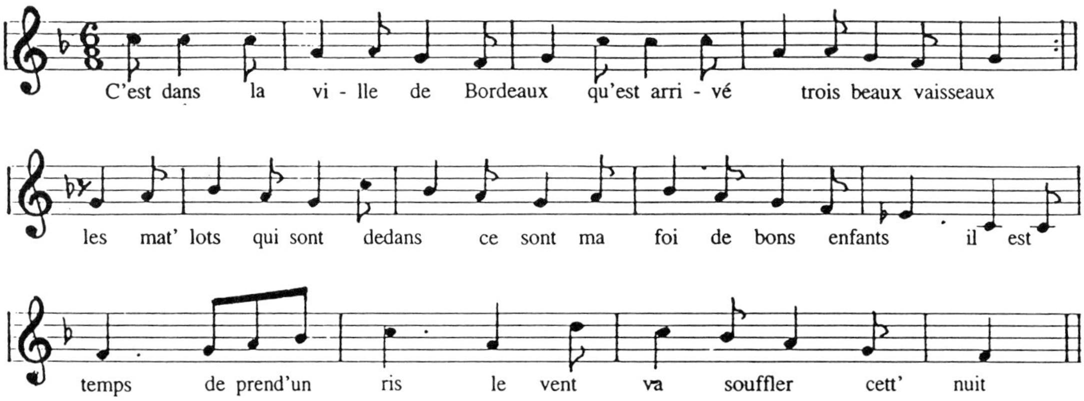

1

C'est dans la ville de Bordeaux
qu'est arrivé trois beaux vaisseaux | (*bis*)
les matelots qui sont dedans
ce sont ma foi de bons enfants.

REFRAIN

Il est temps de prendre un ris
le vent va souffler cette nuit ! | (*bis*)

2

Il y a une dame de Bordeaux
qui est amoureuse d'un matelot :
« ma servante va me chercher
un matelot pour m'assurer ! »

3

« Beau matelot mon bel ami,
madame m'envoie vous accueillir,
montez en haut c'est au premier
la collation vous y ferez ! »

4

Le matelot s'est ennuyé
par la fenêtre a regardé :
« Madame donnez-moi mon congé
il fait beau temps je veux m'en aller ! »

5

« Beau matelot si tu t'en vas
mal de moi tu y parleras
tiens voilà cent écus comptés
ce sera pour boire à ma santé. »

6

« Madame que me voulez donc
moi qui suis matelot tout du long ? »
« Monsieur entrez dans mon salon
la collation nous y ferons ! »

7

La collation a bien duré
trois jours trois nuits sans décesser
au bout de ces trois jours trois nuits
le matelot l'ennui l'a pris.

8

Le matelot en s'en allant
fit la rencontre du Président :
« Beau président je suis content
j'ai eu ta femme et ton argent ! »

9

« Beau matelot mon bel ami
répète-moi ce que tu m'as dit ! »
« Ma foi je dis qu'il fait beau temps
pour aller mettre les voiles au vent ! »

10

Le matelot dans son vaisseau
se mit à chanter des airs nouveaux :
« Vive les dames de Bordeaux
qui payent à boire aux matelots ! »

La jolie Rochelle

1.
M'en revenant de la jolie Rochelle,
J'ai rencontré, trois jolies demoiselles
C'est l'aviron qui nous mène qui nous mène,
C'est l'aviron qui nous mène en rond.

2.
J'ai rencontré trois jolies demoiselles
J'ai pas choisi, mais j'ai pris la plus belle.

3.
J'ai pas choisi, mais j'ai pris la plus belle,
J' l'a fis monter derrièr' moi sur la selle.

4.
J' la fis monter derrièr' moi sur la selle
J'ai fait cent lieues sans parler avec elle.

5.
J'ai fait cent lieues sans parler avec elle
Au bout d' cent lieues ell' demandit à bouère.

6.
Au bout d' cent lieues ell' demandit à bouère
Je l'ai menée auprès d'une fontaine.

7.
Je l'ai menée auprès d'une fontaine
Quand ell' fut là ell' ne voulut point bouère.

8.
Quand ell' fut là ell' ne voulut point bouère
Je l'ai ram'née au logis de son père.

9.
Je l'ai ram'née au logis de son père
Quand ell' fut là, ell' buvait à pleins verres.

10.
Quand ell' fut là, ell' buvait à pleins verres
A la santé de son père et d' sa mère.

11.
A la santé de son pèrc ct d' sa mère
A la santé d' ses sœurs et de ses frères.

12.
A la santé d' ses sœurs et de ses frères
A la santé d' celui que son cœur aime.

La Margot

1

Margot qu'est venue biribi
un joli petit navire !
et c'est moi qui suis biribi
le capitaine qui le vire !
c'est mes mains qui sont de belle façon
les gabiers d'empointures !

REFRAIN

Oh hisse et ho !
Tire larigot !
hourra pour la Margot !

2

Margot qu'est venue biribi
une jolie petite église
et c'est moi qui suis biribi
le recteur qui baptise !
c'est mes mains qui sont de belle façon
les donneurs d'eau bénite !

3

Margot qu'est venue biribi
une jolie petite auberge !
et c'est moi qui suis biribi
le patron qui se goberge !
c'est mes mains qui sont de belle façon
les servantes qui caressent !

4

Margot qu'est venue biribi
la Reine de l'Empire !
et c'est moi qui suis biribi
le Roi qu'elle soupire !
c'est mes mains qui sont de belle façon
les pages qui lèvent sa jupe !

5

C'est Margot qu'aura biribi
mes louis mes pistoles !
mais si c'est moi qui ai biribi
le mal qui ne s'envole !
c'est mes mains qui seront de belle façon
un collier pour sa gorge !

La mère Michel

— 1 —

C'est la mèr' Michel
qui a perdu son chat
Qui cri' par la fenêtre
à qui le lui rendra.
C'est le pèr' Lustucru
Qui lui a répondu :
« Allez, la mèr' Michel
vot' chat n'est pas perdu. »

Refrain

Sur l'air du tra la la la
Sur l'air du tra la la la
Sur l'air du tra de ri de ra et tra la la

— 2 —

C'est la mèr'Michel
qui lui a demandé :
« Mon chat n'est pas perdu!
Vous l'avez donc trouvé? »
Et le pèr' Lustucru
qui lui a répondu :
« Donnez une récompense,
il vous sera rendu. »

— 3 —

Et la mèr' Michel
lui dit : « c'est décidé! »
Si vous rendez mon chat
vous aurez un baiser. »
Mais le pèr' Lustucru
qui n'en a pas voulu
Lui dit : « Pour un lapin
votre chat est vendu. »

La perdriole

1er COUPLET
2e COUPLET
3e COUPLET
Au 3e mois...
4e COUPLET
Au 4e mois...
5e COUPLET
Au 5e mois...
6e COUPLET
Au 6e mois...
12e COUPLET
Au 12e mois...

1er COUPLET

Au premier mois d'l'année
Que donn'rai-je à ma mie ? (bis)
Une perdriole
Qui va, qui vient, qui vole,
Une perdriole
Qui vole dans le bois.

2e COUPLET

Au deuxièm'mois d'l'année
Que donn'rai-je à ma mie? (bis)
Deux tourterelles
Une perdriole
Qui va, qui vient, etc...

Après chaque nouveau mois, on récapitule les mois précedents en remontant

1
Une perdriole
Qui va, qui vient, etc...
2
Deux tourterelles,
3
Trois ramiers au bois,
4
Quat'canards volant en l'air,
5
Cinq lapins grattant la terre,
6
Six lièvr'aux champs,
7
Sept chiens courants,
8
Huit moutons blancs,
9
Neuf vach' à lait,
10
Dix bœufs au pré,
11
Onze beaux garçons,
12
Douze demoiselles, gentilles et belles,

La puce

1. L'autre jour, en m'habillant (*bis*)
   J' sentis un p'tit picot'ment (*bis*)
   C'était une petite puce
   Un' petit puce (*bis*)
   C'était une petite puce
   Pleine de ruse et d'astuce. (*Refrain*)

2. Afin d' m'en débarrasser (*bis*)
   Je m' dis : Faut l'écrabouiller (*bis*)
   Je m' mouill' donc le bout du doigt
   Le bout du doigt (*bis*)
   Je m' mouill' donc Le bout du doigt
   Et j' lui dis : Prends garde à toi. (*Refrain*)

3. Au moment où je me tâte (*bis*)
   V'là que j' l'attrap' par la patte (*bis*)
   Mais ell' qui n' veut pas mourir,
   N' veut pas mourir (*bis*)
   Mais ell' qui n' veut pas mourir
   D'mand' pardon, s' met à gémir. (*Refrain*)

4. Promets-moi de n' plus m' piquer (*bis*)
   Tu n' s'ras pas écrabouillée (*bis*)
   Oui, m'sieur qu'ell' répond viv'ment,
   Répond viv'ment (*bis*)
   Oui, m'sieur qu'ell' répond viv'ment
   Puis ell' saut' dans mon cal'çon. (*Refrain*)

5. Je guette le bon moment (*bis*)
   Et v'lan, j' m'asseois lourdement (*bis*)

   Fin du couplet sifflée joyeusement
   puis refrain.

6. J' la croyais morte. Ah ! ben oui ! (*bis*)
   Elle était seul'ment saisie (*bis*)
   Ell' descend et pique un' tête
   Et pique une tête (*bis*)
   Ell' descend et pique un' tête
   Jusqu'au fond de ma chaussette. (*Refrain*)

7. Ce fut sa perte aussitôt (*bis*)
   Ell' resta sur le carreau (*bis*)
   Au lieu d'être écrabouillée
   Écrabouillée (*bis*)
   Au lieu d'être écrabouillée
   Elle était morte asphyxiée. (*Refrain*)

La rose au boué

Mon père ainsi qu'ma mère (bis)
m'avaient fille que moué,
N'avaient fille que moué,
La destinée,
La rose au boué, la rose au boué,
N'avaient fille que moué,
La destinée au boué.

Ils me mir'nt à l'école, (bis)
à l'école du Roué,
A l'école du Roué,
La destinée,
La rose au boué, la rose au boué,
A l'école du Roué,
La destinée au boué.

Le maître qui m'enseigne, (bis)
d'vint amoureux de moué,
D'vint amoureux de moué,
La destinée,
La rose au boué, etc...

Il me fit faire un'robe, (bis)
Une robe de soué,
Une robe de soué,
etc...

Le tailleur qui la coupe, (bis)
c'est le tailleur du Roué,
etc...

A chaque point d'aiguille (bis)
il « Embrasse-moué »,
etc...

C'est pas l'affair' des filles (bis)
d'embrasser les garçons,
etc...

Mais c'est l'affair' des filles (bis)
d'balayer les maisons,
etc...

Quand les maisons sont propres, (bis)
les amoureux y vont,
etc...

Ils y vont quat' par quatre (bis)
en jouant du violon,
etc...

Quand les maisons sont sales, (bis)
les amoureux s'en vont,
etc...

Ils s'en vont quatr' par quatre (bis)
en frappant du talon,
etc...

Le forban

REFRAIN

Vins qui pétillent,
Femmes gentilles
Sous des baisers brûlant d'amour…
Plaisirs, batailles,
Vive la canaille,
Je bois, je chante, et je tue tour à tour…

1

A moi, forban, que m'importent la gloire,
Les lois du monde, et qu'importe la mort…
Sur l'océan j'ai planté ma victoire
Et bois mon vin dans une coupe d'or…
Vivre d'orgie, c'est ma seule espérance,
Le seul bonheur que j'ai pu conquérir,
Si sur les flots j'ai passé mon enfance,
C'est sur les flots qu'un forban doit mourir.

2

Peut-être au mât d'une barque étrangère
Mon corps un jour servira d'étendard
Et tout mon sang rougira la galère…
Aujourd'hui fête, et demain le bazar,
Allons, esclave, allons, debout, mon brave,
Buvons le vin et la vie à grand pot,
Aujourd'hui fête, et puis demain peut-être
Ma tête ira s'engloutir dans les flots…

3

Peut-être un jour, par un coup de fortune,
Je saisirai l'or d'un beau galion…
Riche à pouvoir vous acheter la lune
Je m'en irai vers d'autres horizons…
Là, respecté tout comme un gentilhomme,
Moi qui ne suis qu'un forban, qu'un bandit,
Je pourrai comme le fils d'un roi, tout comme,
Mourir peut-être dedans un bon lit…

CODA

Trala la la
Trala la la
Trala la la la la la la la la !

Le capitaine de Saint-Malo

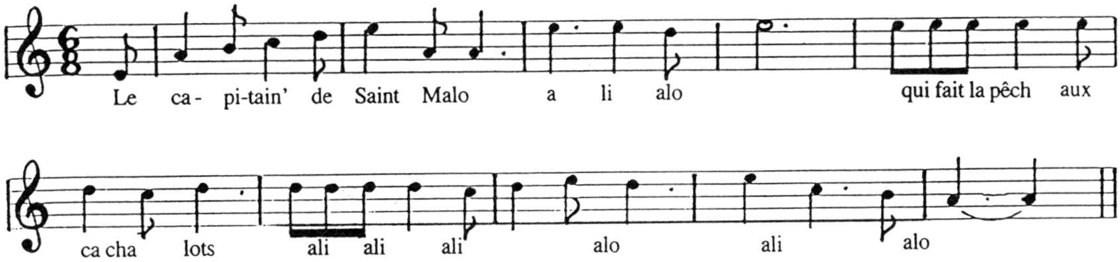

1
Le capitaine de Saint-Malo
ali alo
qui fait la pêche aux cachalots
ali alo ali alo
ali alo

2
Il a trois filles qui font la peau
la première à Valparaiso

3
La deuxième à Rio de Janeiro
La troisième à San Francisco

4
Il donne la goutte à ses matelots
à grands coups de barre de guindeau !

5
Il mange la viande nous laisse les os
il boit le vin et toi de l'eau !

6
A la manœuvre le bosco
te dresse à coups de cabillaud !

7
Le lieutenant t'envoie là-haut
à coups de bottes dans le dos !

8
Et le second qui est le plus beau
si tu groumes il te fout à l'eau !

Le bon roi Dagobert

2. Le bon roi Dagobert,
Fut mettre son bel habit vert.
Le grand saint Éloi
Lui dit : « O mon roi !
Votre habit paré
Au coude est percé ! »
— C'est vrai, lui dit le roi,
Le tien est bon, prête-le moi !

3. Le bon roi Dagobert,
Avait des bas rongés de vers.
Le grand saint Éloi
Lui dit : « O mon roi !
Vos deux bas cadets
Font voir vos mollets ! »
— C'est vrai, lui dit le roi,
Les tiens sont neufs, donne-les moi !

4. Le bon roi Dagobert,
Faisait peu sa barbe en hiver.
Le grand saint Éloi
Lui dit : « O mon roi !
Il faut du savon
Pour votre menton ! »
— C'est vrai, lui dit le roi,
As-tu deux sous ? Prête-les moi !

5. Le bon roi Dagobert,
Avait sa perruqu' de travers.
Le grand saint Éloi
Lui dit : « O mon roi !
Que le perruquier
Vous a mal coiffé ! »
— C'est vrai, lui dit le roi,
Je prends ta tignasse pour moi !

6. Le bon roi Dagobert,
Portait manteau court en hiver.
Le grand saint Éloi
Lui dit : « O mon roi !
Votre Majesté
Est bien écourtée. »
— C'est vrai, lui dit le roi,
Fais le rallonger de deux doigts !

7. Le bon roi faisait des vers
Mais il les faisait de travers.
Le grand saint Éloi
Lui dit : « O mon roi !
Laissez aux oisons
Faire des chansons ! »
— Eh ! bien ! lui dit le roi,
C'est toi qui les feras pour moi !

8. Le bon roi Dagobert
Chassait dans la plaine d'Anvers.
Le grand saint Éloi
Lui dit : « O mon roi !
Votre Majesté
Est bien essouflée ! »
— C'est vrai, lui dit le roi,
Un lapin courait après moi !

9. Le bon roi Dagobert
Allait à la chasse au pivert.
Le grand saint Éloi
Lui dit : « O mon roi !
La chasse aux coucous
Vaudrait mieux pour vous ! »
— Eh bien ! lui dit le roi,
Je vais tirer ; prends garde à toi !

10. Le bon roi Dagobert
Se battait à tort, à travers.
Le grand saint Éloi
Lui dit : « O mon roi !
Votre Majesté
Se fera tuer ! »
— C'est vrai, lui dit le roi,
Mets-toi bien vite devant moi ! »

11. Le bon roi Dagobert
Voulait conquérir l'univers ;
Le grand saint Éloi
Lui dit : « O mon roi !
Voyager si loin
Donne du tintoin ! »
— C'est vrai, lui dit le roi,
Il vaudrait mieux rester chez soi !

12. Le bon roi Dagobert
Voulait s'embarquer sur la mer ;
Le grand saint Éloi
Lui dit : « O mon roi !
Votre Majesté
Se fera noyer ! »
— C'est vrai, lui dit le roi,
On pourra crier : le roi boit !

13. Quand Dagobert mourut,
Le Diable aussitôt accourut ;
Le grand saint Éloi
Lui dit : « O mon roi !
Satan va passer,
Faut vous confesser ! »
— Hélas ! lui dit le roi,
Ne pourrais-tu mourir pour moi ?!

Le bidon

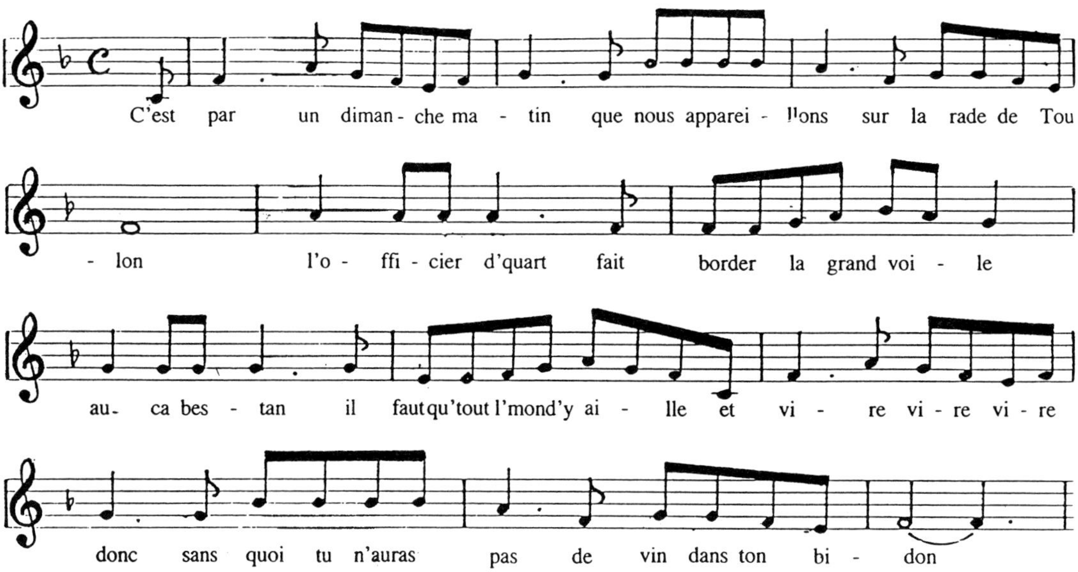

1

C'est par un dimanche matin
que nous appareillons, sur la rade de Toulon | (*bis*)
L'officier de quart fait border la grand'voile,
au cabestan, il faut que tout le monde y aille.
Vire vire vire donc,
sans quoi tu n'auras pas de vin dans ton bidon ! | (*bis*)

2

Le lendemain au point du jour,
le capitaine d'armes fait réveiller le tambour
en lui disant : « tambour réveille-toi vite,
aux matelots fais le branlebas de suite,
c'est pour faire laver le pont,
sans quoi tu n'auras pas de vin dans ton bidon ! »

3

Une fois le lavage terminé,
on donne un coup de sifflet l'équipage a changé,
pantalon blanc chemise de service
pauvre marin pour toi quel supplice,
c'est pour aller à l'inspection,
sans quoi tu n'auras pas de vin dans ton bidon !

4

A l'inspection tous alignés,
on voit ces officiers nous passer sous le nez,
s'ils aperçoivent la moindre petite tache
ils vous disent : « salaud il faut que tu la décrasses ! »
avec de l'eau et du savon
sans quoi tu n'auras pas de vin dans ton bidon ! »

5

Quand l'inspection est terminée,
y en a encore de quoi pour toute la matinée,
ce qui me dégoûte le plus dans ce service
c'est qu'on nous fait faire quelque sauvage exercice.
Celui-là qui fait pas attention,
celui-là n'en aura pas de vin dans son bidon !

6

Et quand vient l'heure de midi,
on chique le peu de légume que l'on nous a servi
le vendredi, c'est le jour du fromage
si quelqu'un dit « hélas que c'est du dommage ! »
l'officier qui passe sur le pont
lui dit « tu n'auras pas de vin dans ton bidon ! »

7

Et le dimanche après-midi,
si il y a quelques marins qui veulent se divertir
on les envoie à terre vers une heure
pour revenir le soir vers sept heures.
Celui-là qui manque l'embarcation,
c'est sûr qu'il n'aura pas de vin dans son bidon !

8

Celui-là qui a fait la chanson,
c'est le nommé Léon un gabier d'artimon.
Il en a bien souffert de la marine,
de tous les gabiers et de la discipline,
une fois rentré à la maison
il ne pensera plus à ce maudit bidon !

Le grand coureur

1

Le corsaire « Le Grand Coureur »
Est un navire de malheur.
Quand il s'en va en croisière
Pour aller chassez l'Anglais,
Le vent, la mer et la guerre
Tournent contre le Français...

2

Il est parti de Lorient
Avec mer belle et bon vent,
Il cinglait babord amure,
Naviguant comme un poisson
Un grain tombe sur sa mâture
Voilà l'corsaire en ponton ! ! !

3

Il nous fallut remâter
Et vivement relinguer
Tandis que l'ouvrage avance
On signale par tribord
Un navire d'apparence
A mantelets de sabords

REFRAIN

Allons, les gars, gai ! gai !
Allons, les gars, gaiement !

4

C'était un Anglais vraiment
A double rangée de dents,
Un marchand de mort subite
Mais le Français n'a pas peur
Au lieu de brasser en fuite
Nous le rangeons à l'honneur.

5

Les boulets pleuvent sur nous
Nous lui rendons coup pour soup
Pendant que la barbe en fume
A nos braves matelots
Dans un gros bouchon de brume
Il nous échappe aussitôt

6

Nos prises au bout de six mois
Ne se sont montées qu'à trois
Un navire plein de patates
Plus qu'à moitié chaviré
Un deuxième plein de savates,
Un autre de viande avariée

7

Pour nous refaire des combats
Nous avions à nos repas
Des gourganes et du lard rance
Du vinaigre au lieu de vin
Des biscuits pourris d'avance
Et du camphre le matin

8

Si l'histoire du « Grand Coureur »
A su vous toucher le cœur
Faites-nous bonne manière
Et versez-nous largement
Du vin, du rhum, de la bière,
Et nous serons tous contents...

Le navire de Bayonne

1

C'était par un bon vendredi,
nous étions partis de Lisbonne ;
C'est pour en France revenir
sur le grand navire de Bayonne.
Nous n'eûmes pas doublé les pointes
que le vent vira au suroît ;
A bien fallu trimer nos voiles
pour y courir au quart ñoroît.

2

Il faisait un si grand vent !
Grand Dieu, la cruelle tourmente !
La moitié de nos gens pleuraient,
Les autres chantaient des louanges
les autres chantaient des louanges
et priaient Dieu à haute voix :
Que Dieu ait pitié de nos âmes,
puisque la mort il faut avoir.

3

Nous avons pris un coup de mer
sur le pont de notre navire ;
Les dalles ne pouvant plus fournir,
coupons le grand mât, je vous prie.
Coupons Le grand mât, je vous prie,
et jetons les canots dehors !
Gardons le restant de nos voiles
pour nous y mener à bon port.

4

Le capitaine s'est avancé,
qui est le maître du navire.
Honneur, dit-il, à qui vivra !
Mon grand mât, c'est ma compagnie.
Courage ! mes enfants, courage !
Notre homme, il gouverne bien.
Hé ! là ! Donnez-vous bien de garde
que le vaisseau vire en travers.

5

Le pilote, tout aussitôt
a fait filer la grande écoute.
Notre navire soulagé,
a repris sa première course.
Courage ! mes enfants, courage !
Notre homme, il gouverne bien.
Il faut promettre une grand-messe,
pendant qu'on en a les moyens.

6

Nous nous jetâmes à genoux,
priant la divine Marie
Priant la divine Marie
qui nous a conservé la vie.
Une messe nous ferons dire,
à notre grand rassemblement.
A la chapelle de Notre-Dame,
nous prierons Dieu dévotement.

7

Celui qu'a fait cette chanson,
c'est le pilote du navire.
Elle a été faite et composée
dans la traverse de ces îles.
Vous autres, tous mes gens de France
qui naviguez dessus la mer,
Naviguez-y avec prudence,
surtout dans le temps de l'hiver.

Le pont de Morlaix

1

C'est en passant sur l'pont d'Morlaix
Haul away !
Old fellow away !
La belle Hélène j'ai rencontré
Haul away !
Old fellow away !

2

Bien humblement je l'ai saluée
Haul away !
Old fellow away !
D'un beau sourire m'a remercié
Haul away !
Old fellow away !

3

Bien sûr, c'était par charité
Haul away !
Old fellow away !
Car elle est dame de qualité,
Haul away !
Old fellow away !

4

Elle est fille d'un cap'taine nantais
Haul away !
Old fellow away !
A matelot ne s'ra jamais
Haul away !
Old fellow away !

5

Mat'lots, mon cœur est embrumé,
Haul away
Old fellow away !
Buvons quand même à sa beauté
Haul away
Old fellow away !

6

Encore un coup pour étarquer
Haul away !
Old fellow away !
Hisse le grand foc ! Tout est payé !
Haul away !
Old fellow away !

PANN

Le roi a fait battre tambour

2. — Marquis, dis-moi, la connais-tu ? (*bis*)
« Qui est cett' joli' dame ?
Et le marquis l'i a répondu :
— « Sire roi, c'est ma femme !

3. — « Marquis, tu es plus heureux qu' moi, (*bis*)
« D'avoir femme si belle ;
« Si tu voulais me l'accorder,
— Je couch'rais avec elle ?

4. — « Sir', si nous n'étiez pas le roi (*bis*)
« J'en tirerais vengeance,
« Mais puisque vous êtes le roi,
« A votre obéissance.

5. — « Marquis, ne te fâche donc pas, (*bis*)
« T'auras ta récompense :
« Je te ferai dans mes armées
« Beau maréchal de France.

6. — « Habille-toi bien proprement, (*bis*)
« Coiffure à la dentelle
« Habille-toi bien proprement,
« Comme une demoiselle.

7. — « Adieu, ma mi', adieu, mon cœur, (*bis*)
« Adieu, mon espérance ;
« Puisqu'il te faut servir le roi,
« Séparons-nous d'ensemble.

8. La reine a fait faire un bouquet (*bis*)
De belles fleurs de lyse,
Et la senteur de ce bouquet
A fait mourir marquise.

Le Sire de Framboisy

2. Avait pris femme, la plus bell' du pays. (*bis*)

3. Le prit trop jeune, bientôt s'en reprentit. (*bis*)

4. Partit en guerre, afin qu'elle mûrit. (*bis*)

5. Revint de guerre, après cinq ans et d'mi. (*bis*)

6. N' trouva personne, de la cave au chenil. (*bis*)

7. Appl'a la belle, trois jours et quatre nuits. (*bis*)

8. Un grand silence, hélas ! lui répondit. (*bis*)

9. Le pauvre sûre a couru tout Paris. (*bis*)

10. Trouva la dame, dans un bal, à Clichy. (*bis*)

11. « Corbleu, princesse, que faites-vous ici ? (*bis*)

12. — Voyez, je danse, avec que nos amis. » (*bis*)

13. Dans son carrosse, la r'mène à Framboisy. (*bis*)

14. Il l'empoisonne, avec du vert-de-gris. (*bis*)

15. Et sur sa fosse, il sema du persil. (*bis*)

16. De cette histoire, la moral', la voici : (*bis*)

17. A jeune femme, il faut jeune mari ! (*bis*)

Le temps des cerises

1.

Quand nous chanterons le temps des cerises,
Et gai rossignol, et merle moqueur
Seront tous en fête !
Les belles auront la folie en tête
Et les amoureux, du soleil au cœur.
Quand nous chanterons le temps des cerises,
Sifflera bien mieux le merle moqueur !

2.

Mais il est bien court, le temps des cerises
Où l'on s'en va deux, cueillir en rêvant
Des pendants d'oreilles...
Cerises d'amour aux robes pareilles,
Tombant sous la feuille en gouttes de sang...
Mais il est bien court, le temps des cerises
Pendants de corail qu'on cueille en rêvant !

3.

Quand vous en serez au temps des cerises
Si vous avez peur des chagrins d'amour,
Évitez les belles.
Moi qui ne crains pas les peines cruelles,
Je ne vivrai point sans souffrir un jour...
Quand vous en serez au temps des cerises
Vous aurez aussi des peines d'amour !

4.

J'aimerai toujours le temps des cerises
C'est de ce temps-là que je garde au cœur
Une plaie-ouverte...
Et dame Fortune en m'étant offert
Ne pourra jamais fermer ma douleur...
J'aimerai toujours le temps des cerises
Et le souvenir que je garde au cœur !

Le trente et un du mois d'août

- REFRAIN

Buvons un coup, buvons en deux
A la santé des amoureux,
A la santé du Roi de France,
Et merde pour le Roi d'Angleterre
Qui nous a déclaré la guerre...

1

Le trente et un du mois d'Août,
Le trente et un du mois d'Août,
On vit venir sous l'vent à nous,
On vit venir sous l'vent à nous,
Une frégate d'Angleterre
Qui fendait la mer et les flots,
C'était pour attaquer Bordeaux...

2

Le commandant du bâtiment,
Le commandant du bâtiment,
Fit appeler son lieutenant,
Fit appeler son lieutenant :
« Lieutenant, te sens-tu capable,
Dis-moi, te sens-tu assez fort
Pour prendre l'Anglais à son bord ? »

3

Le lieutenant, fier z'et hardi,
Le lieutenant, fier z'et hardi,
Lui répondit : « Capitaine, z'oui »,
Lui répondit : « Capitaine, z'oui »,
Faites branlebas à l'équipage,
Je vas hisser not' pavillon
Qui rest'ra haut, nous le jurons ! ! !

4

Le maître donne un coup d'sifflet,
Le maître donne un coup d'sifflet,
Pour faire monter les deux bordées,
Pour faire monter les deux bordées,
Tout est paré pour l'abordage,
Hardi gabiers, fiers matelots,
Braves canonniers, mousses petiots !

5

Vire lof pour lof en arrivant,
Vire lof pour lof en arrivant,
Je l'abordions par son avant,
Je l'abordions par son avant
A coups de haches et de grenades,
De piques, de sabres, de mousquetons,
En trois cinq sec, je l'arrimions !

6

Que dira-t-on du grand rafiot,
Que dira-t-on du grand rafiot,
A Brest, à Londres et à Bordeaux,
A Brest, à Londres et à Bordeaux,
Qu'a laissé prendre son équipage
Par un corsaire de dix canons,
Lui qu'en avait trente et si bons ! ! !

Les anges dans nos campagnes

1

Les anges dans nos campagnes
Ont entonné l'hymne des cieux
Et l'écho de nos montagnes
Redit ce chant mélodieux :

REFRAIN

Gloria in excelsis deo!!!
Gloria in excelsis deo!!!

2

Bergers, pour qui cette fête ?
Quel est l'objet de tous ces chants ?
Quel vainqueur, quelle conquête
Méritent ces chœurs triomphants ?

3

Ils annoncent la naissance
Du Saint-Rédempteur d'Israël,
Et pleins de reconnaissance
Chantent en ce jour solennel :

4

Seigneur, par la voix de l'ange,
Par les hymnes des chérubins,
La terre sait la louange
Qui se chante aux parvis divins :

5

Des anges suivant l'exemple,
Seigneur, nous viendrons désormais
Au milieu de votre temple
Chanter avec eux vos bienfaits...

Lundi matin, l'Empereur...

Les filles de La Rochelle

REFRAIN

Ah ! la feuille s'envole, s'envole,
Ah ! la feuille s'envole au vent...

1

C'sont les filles de La Rochelle,
Qu'ont armé un bâtiment, qu'ont armé un bâtiment,
Pour aller faire la course
Aux Echelles du Levant...

2

La grand'vergue est en ivoire,
Les poulies en diamants, les poulies en diamants,
La grand'voile est en dentelle,
La misaine en satin blanc...

3

Les cordages du navire
Sont de fils d'or et d'argent, sont de fils d'or et d'argent,
Et la coque est en bois rouge
Travaillé fort joliment...

4

L'équipage du navire,
C'est tout filles de quinze ans, c'est tout filles de quinze ans.
Capitaine qui les commande
Est le roi des bons enfants...

5

Hier, faisant sa promenade
Dessus le gaillard d'avant, dessus le gaillard d'avant,
Aperçut une brunette
Qui pleurait dans les haubans...

6

Qu'avez-vous, jolie brunette,
Qu'avez-vous à pleurer tant, qu'avez-vous à pleurer tant
Av'vous perdu père et mère,
Ou quelqu'un de vos parents ?

7

J'ai perdu mon pucelage,
Qui s'en fut, la voile au vent, qui s'en fut, la voile au vent...
Il est parti, vent arrière,
Reviendra en louvoyant...

Les gars de La Rochelle

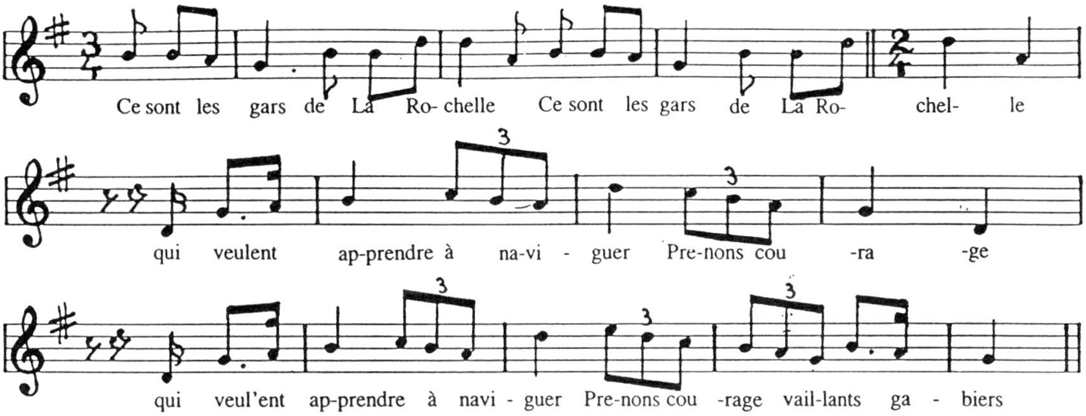

1

Ce sont les gars de La Rochelle,
Ce sont les gars de La Rochelle,
Qui veulent apprendre à naviguer,
Prenons courage,
Qui veulent apprendre à naviguer,
Prenons courage, vaillants gabiers ! ! !

2

Au bout de cinq à six semaines,
Au bout de cinq à six semaines,
Le pain, le vin leur a manqué,
Prenons courage,
Le pain, le vin leur a manqué,
Prenons courage, vaillants gabiers ! ! !

3

Faut-il manger le petit mousse,
Faut-il manger le petit mousse ?
Sa chair est tendre et bien dorée,
Prenons courage,
Sa chair est tendre et bien dorée,
Prenons courage, vaillants gabiers ! ! !

4

Le mousse grimpa dans les cordages,
Le mousse grimpa dans les cordages,
A la grand' vergue il est monté,
Prenons courage,
A la grand'vergue il est monté,
Prenons courage, vaillants gabiers ! ! !

5

Attendez, mes amis, mes frères,
Attendez, mes amis, mes frères,
La terre est à proximité,
Prenons courage,
La terre est à proximité,
Prenons courage, vaillants gabiers ! ! !

6

Je vois des moutons dans la plaine,
Je vois des moutons dans la plaine,
Une bergère à les garder,
Prenons courage,
Une bergère à les garder,
Prenons courage, vaillants gabiers ! ! !

Les gars de Locminé

1. Sont, sont, sont les gars de Locminé,
   Qui ont de la maillette sans dessus-dessous, gué ! (*parlé*)
   Sont, sont, sont les gars de Locminé,
   Qui ont de la maillette dessous leurs souliers.
   Mon père et ma mère d' Locminé y sont, gué ! (*bis*)
   Ils ont fait promesse qu'ils me marieront (*bis*).

2. Ils m'ont fait promesse qu'ils me marieront (*bis*)
   Mais s'ils me marient, s'en repentiront (*bis*).

3. Mais s'ils me marient, s'en repentiront (*bis*)
   Je vendrai leur terre, sillon par sillon (*bis*).

4. Je vendrai leur terre, sillon par sillon (*bis*)
   Au dernier bout' d' terre, j' bâtirai maison (*bis*).

5. Au dernier bout' d' terre, j' bâtirai maison (*bis*)
Et si le roi passe, nous l'inviterons (*bis*).

6. Et si le roi passe, nous l'inviterons (*bis*)
Et s'il veut des crêpes, nous lui en ferons (*bis*).

7. Et s'il veut des crèpes, nous lui en ferons (*bis*)
Et s'il veut qu'on chante, nous lui chanterons (*bis*).

Les trois marins de Groix

1

Nous étions deux, nous étions trois
Nous étions deux, nous étions trois
Nous étions trois marins de Groix !
Mon tra déritra la la la
Mon tra déritra la lè è è re.

2

Mon matelot, le mousse et moi
Mon matelot, le mousse et moi
Embarqués sur le *Saint-François*.
Mon tra déritra la la la
Mon tra déritra la lè è è re.

3

Vint à venter grains de noroît
Vint à venter grains de noroît
A faire céder notre mât !
Mon tra déritra la la la
Mon tra déritra la lè è è re.

4

Jean-Pierre, dis-je, matelot !
Jean-Pierre, dis-je, matelot !
Serrer d'la toile qu'il nous faut.
Mon tra déritra la la la
Mon tra déritra la lè è è re.

5

Ce failli temps mollira pas
Ce failli temps mollira pas
Je prends la barr' vas-y mon gas.
Mon tra déritra la la la
Mon tra déritra la lè è è re.

6

Il est allé pour prendr' un ris
Il est allé pour prendr' un ris
Un coup de mer l'aura surpris.
Mon tra déritra la la la
Mon tra déritra la lè è è re.

7

Au jour j'ai revu son sabot
Au jour j'ai revu son sabot
Il flottait seul là-bas sur l'eau.
Mon tra déritra la la la
Mon tra déritra la lè è è re.

8

Il n'a laissé sur not' bateau
Il n'a laissé sur not' bateau
Qu'un vieux bonnet et son cout
Mon tra déritra la la la
Mon tra déritra la lè è è re.

9

Plaignez d'mon pauvre matelo
Plaignez d'mon pauvre matelo
Sa femme avec ses trois petiots
Mon tra déritra la la la
Mon tra déritra la lè è è re.

Malbrough s'en va-t-en guerre

— 2 —

Il reviendra z-à Pâques,
Mironton, mironton, mirontaine
Il reviendra z-à Pâques
Ou à la Trinité. (3 fois)

— 3 —

La Trinité se passe,
Mironton, mironton, mirontaine
La Trinité se passe,
Malbrough ne revient pas. (3 fois)

— 4 —

Madame à son tour monte,
Mironton, mironton, mirontaine,
Madame à son tour monte,
Si haut qu'ell' peut monter. (3 fois)

— 5 —

Elle aperçoit son page,
Mironton, mironton, mirontaine,
Elle aperçoit son page,
Tout de noir habillé. (3 fois)

— 6 —

— Beau page ah! mon beau page,
Mironton, mironton, mirontaine
Beau page ah! mon beau page
Quell' nouvelle apportez? (3 fois).

— 7 —

— Aux nouvelles que j'apporte,
Mironton, mironton, mirontaine,
Aux nouvelles que j'apporte
Vos beaux yeux vont pleurer (3 fois).

— 8 —

— Monsieur Malbrough est mort,
Mironton, mironton, mirontaine
Monsieur Malbrough est mort,
Est mort et enterré. (3 fois)

— 9 —

— J'lai vu porter en terre,
Mironton, mironton, mirontaine
J'lai vu porter en terre,
Par quatre-z-officiers. (3 fois)

— 10 —

— L'un portait sa cuirasse,
Mironton, mironton, mirontaine
L'un portait sa cuirasse,
L'autre son bouclier. (3 fois)

— 11 —

— L'un portait son grand sabre,
Mironton, mironton, mirontaine,
L'un portait son grand sabre,
L'autre ne portait rien. (3 fois)

— 12 —

On vit voler son âme,
Mironton, mironton, mirontaine,
On vit voler son âme,
A travers les lauriers. (3 fois)

— 13 —

— La cérémonie faite,
Mironton, mironton, mirontaine,
La cérémonie faite,
Chacun s'en fut coucher. (3 fois)

Ma Normandie

1. Quand tout renaît à l'espérance,
   Et que l'hiver fuit loin de nous.
   Sous le beau ciel de notre France,
   Quand le soleil revient plus doux,
   Quand la nature est reverdie,
   Quand l'hirondelle est de retour,
   J'aime à revoir ma Normandie,
   C'est le pays qui m'a donné le jour.

2. J'ai vu les lacs de l'Helvétie,
   Et ses chalets et ses glaciers.
   J'ai vu le ciel de l'Italie
   Et Venise et ses gondoliers.
   En saluant chaque patrie
   Je me disais : Aucun séjour
   N'est plus beau que ma Normandie :
   C'est le pays qui m'a donné le jour.

3. Il est un âge dans la vie
   Où chaque rêve doit finir,
   Un âge où l'âme recueillie
   A besoin de se souvenir.
   Lorsque ma muse refroidie
   Aura fini ses chants d'amour,
   J'irai revoir ma Normandie
   C'est le pays qui m'a donné le jour.

Ma poule n'a plus que 29 poulets

Marche des rois

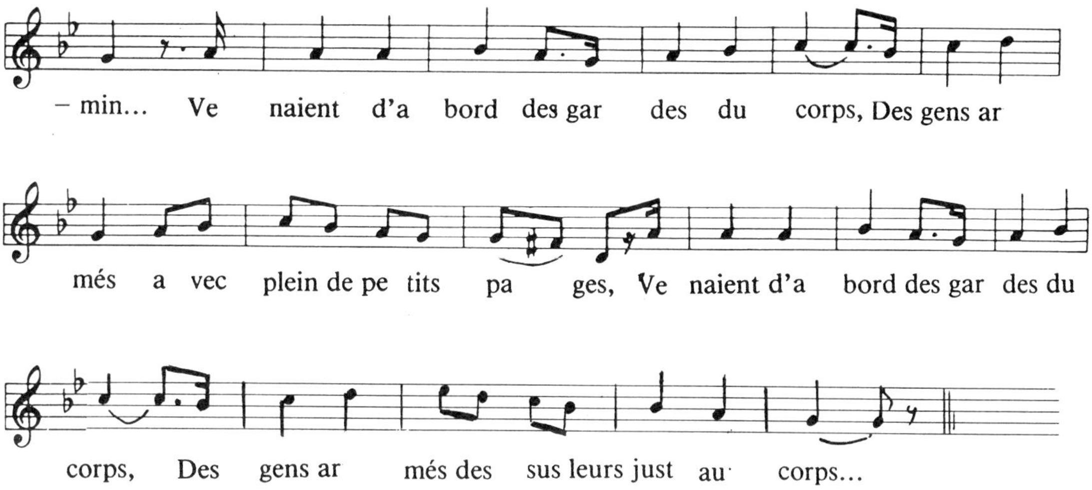

1

De bon matin j'ai rencontré le train
De trois grands rois qui allaient en voyage,
De bon matin j'ai rencontré le train
De trois grands rois dessus le grand chemin…
Venaient d'abord des gardes du corps,
Des gens armés avec plein de petits pages,
Venaient d'abord des gardes du corps,
Des gens armés dessus leurs justaucorps…

2

Et sur un char doré de toutes parts
Venaient trois rois simples comme des anges,
Et sur un char doré de toutes parts
Venaient Melchior, Balthazar et Gaspard…
L'étoile luit et les a conduits
Par les chemins devant une pauvre étable,
L'étoile luit et les a conduits
Par les chemins devant l'humble réduit…

3

Les trois grands rois se mettent à genoux,
Ils sont ici au terme du voyage,
Les trois grands rois se mettent à genoux,
Disant « Le Fils de Dieu est parmi nous !!! »
Tout ce qu'ils ont, or, myrrhe et encens,
Ils vont l'offrir à cet enfant adorable,
Tout ce qu'ils ont, or, myrrhe et encens,
Ils vont l'offrir à ce petit enfant…

Margoton va-t-à l'iau

1. Margoton va-t-à l'iau
Avec que son cruchon.
La fontaine était creuse,
Elle est tombée au fond.

Refrain

Aïe, aïe, aïe, aïe
Se dit Margoton.

2. La fontaine était creuse
Elle est tombée au fond
Par là vinr'nt à passer
Trois jeunes beaux garçons.

3. Que donn'ras-tu la belle
Si nous te retirons ?

4. Je n'ai rien à donner
Si ce n'est mon cruchon.

5. Donne moins que cela
Car nous t'embrasserons,

6. T'embrass'rons sur la bouche,
T'embrass'rons sur le front.

Minuit, chrétiens

1 Minuit, chrétiens, c'est l'heure solennelle
Où l'homme Dieu descendit jusqu'à nous
Pour effacer la tache originelle
Et de son père arrêter le courroux.
Le monde entier tressaille d'espérance
En cette nuit qui lui donne un Sauveur...

2 Le Rédempteur a brisé toute entrave
La terre est libre et le ciel est ouvert...
Il voit un frère où n'était qu'un esclave,
L'amour unit ceux qu'enchaînaient les fers !
Qui lui dira notre reconnaissance ?
C'est pour nous tous qu'il naît, qu'il souffre et meurt !!!

REFRAIN 2

Peuple, debout ! Chante ta délivrance...
NOËL ! NOËL ! Chantons le Rédempteur...
NOËL ! NOËL ! Chantons le Rédempteur...

REFRAIN 1

Peuple, à genoux, attends ta délivrance,
NOËL ! NOËL ! Voici le Rédempteur !!!
NOËL ! NOËL ! Voici le Rédempteur !!!

Mon âne a bien mal à la tête

Mon âne, mon âne
A bien mal à la têt',
Madam' lui a fait fair'
Un bonnet pour sa fêt',
Un bonnet pour sa fêt',
Et des souliers lilas,
la, la,
Et des souliers lilas.

Mon âne, mon âne
A bien mal aux oreill',
Madam' lui a fait fair'
Un' pair' de boucl's d'oreill';
Un bonnet pour sa fêt',
Et des souliers lilas,
la, la,
Et des souliers lilas.

Mon âne, mon âne
A bien mal à ses yeux,
Madam' lui a fait fair'
Un' pair' de lunett's bleues;
Un' pair' de lunett's bleues;
Un' pair' de boucl's d'oreill',
Un bonnet pour sa fêt',
Et des souliers lilas,
la, la,
Et des souliers lilas.

Mon âne, mon âne
A bien mal à son nez,
Madam' lui a fait fair'
Un joli p'tit cach'-nez;
Un joli p'tit cach'-nez;
Un' pair' de lunett's bleues,
etc...
Et des souliers lilas,
la, la,
Et des souliers lilas.

Mon âne, mon âne
A bien mal à sa gorg',
Madam' lui a fait fair'
Un bâton d'sucre d'org';
Un bâton d'sucre d'org';
Un joli p'tit cach'-nez
etc...
Et des souliers lilas,
la, la,
Et des souliers lilas.

Mon âne, mon âne
A mal à l'estomac,
Madam' lui a fait fair'
Un' tass' de chocolat;
Un' tass' de chocolat,
Un bâton d'sucre d'org',
etc...
Et des souliers lilas,
la, la,
Et des souliers lilas.

On chante souvent d'autres couplets, comme:

Mon âne, mon âne
A bien mal à ses dents
Madame' lui a fait faire
Un râtelier d'argent;

Mon âne, mon âne
A bien mal à son ventre
Madam' lui a fait faire
De la tisan' de menthe;

Mon âne, mon âne
A bien mal à son cœur,
Madam' lui a fait faire
Un p'tit verr' de liqueur;

Mon beau sapin

Mon beau sapin, roi des forêts,
Que j'aime ta verdure !!!
Quand, par l'hiver, bois et guérets
Sont dépouillés de leurs attraits,
Mon beau sapin, roi des forêts,
Tu gardes ta parure...

Toi que Noël planta chez nous
Au saint anniversaire,
Mon beau sapin, comme il est doux
De te voir briller parmi nous,
Toi que Noël planta chez nous,
Scintillant de lumière...

(1)

Mon beau sapin, tes verts sommets
Et leur fidèle ombrage,
De la foi qui ne ment jamais,
De la constance et de la paix,
Mon beau sapin tes verts sommets
M'offrent la douce image...

Ne pleure pas, Jeannette

1. Ne pleure pas, Jeannette,
   TRA LA LA LA LA LA LA LA LA LA LA
   Ne pleure pas, Jeannette,
   Nous te marierons. (*bis*)

2. Avec le fils d'un prince, TRA LA LA
   Avec le fils d'un prince,
   Ou celui d'un baron. (*bis*)

3. Je n'en veux pas d'un prince, (*bis*)
   Encor' moins d'un baron. (*bis*)

4. Je veux mon ami Pierre, (*bis*)
   Celui qu'est en prison. (*bis*)

5. Tu n'auras pas ton Pierre, (*bis*)
   Nous le pendouillerons. (*bis*)

6. Si vous pendouillez Pierre, (*bis*)
   Pendouillez-moi zavec. (*bis*)

7. Et l'on pendouilla Pierre, (*bis*)
   Et la Jeannette avec. (*bis*)

Noël nouvelet

Noël nouvelet ! Noël, chantons ici !
Dévotes gens, disons à Dieu merci !
Chantons Noël pour le Roi nouvelet,
Chantons Noël pour le Roi nouvelet !
Noël nouvelet ! Noël, chantons ici !

Quand je le vis, mon cœur fut réjoui.
Tant de beauté resplendissait de lui
Comme soleil qui luit au matinet,
Comme soleil qui luit au matinet...
Noël nouvelet ! Noël, chantons ici !

En Bethléem Joseph avec Marie,
L'âne et le bœuf, l'enfant couché au lit,
La crèche était au lieu d'un bercelet,
La crèche était au lieu d'un bercelet,
Noël nouvelet ! Noël, chantons ici !

Nous étions vingt ou trente

2. La première volerie,
Que je fis dans ma vie
C'est d'avoir goupillé,
La bourse d'un..
Vous m'entendez,
C'est d'avoir goupillé,
La bourse d'un curé.

3. J'entrai dedans sa chambre,
Mon Dieu qu'elle était grande !
J'y trouvais mille écus,
Je mis la main…
Vous m'entendez,
J'y trouvais mille écus,
Je mis la main dessus.

4. J'entrai dedans une autre,
Mon Dieu qu'elle était haute !
De rob's et de manteaux,
J'en chargeai trois…
Vous m'entendez,
De rob's et de manteaux,
J'en chargeai trois chariots.

5. Je les portai pour vendre,
A la foire de Hollande
J' les vendis bon marché,
Ils n' m'avaient rien…
Vous m'entendez,
J' les vendis au marché,
Ils n' m'avaient rien couté.

6. Ces Messieurs de Grenoble,
Avec leurs longues robes,
Et leurs bonnets carrés,
M'eurent bientôt…
Vous m'entendez,
Et leurs bonnets carrés,
M'eurent bien jugé.

7. Ils m'ont jugé à pendre,
Ah ! c'est dur à entendre !
A pendre et étrangler,
Sur la plac' du…
Vous m'entendez,
A pendre et étrangler,
Sur la place du Marché.

8. Monté sur la potence,
Je regardai la France
J'y vis mes compagnons,
A l'ombre d'un...
Vous m'entendez,
J'y vis mes compagnons,
A l'ombre d'un buisson.

9. « Compagnons de misère,
Allez dire à ma mère,
Qu'ell' ne m' reverra plus,
J' suis un enfant...
Vous m'entendez,
Qu'ell' ne m' reverra plus,
J' suis un enfant perdu.

Nous étions trois marins

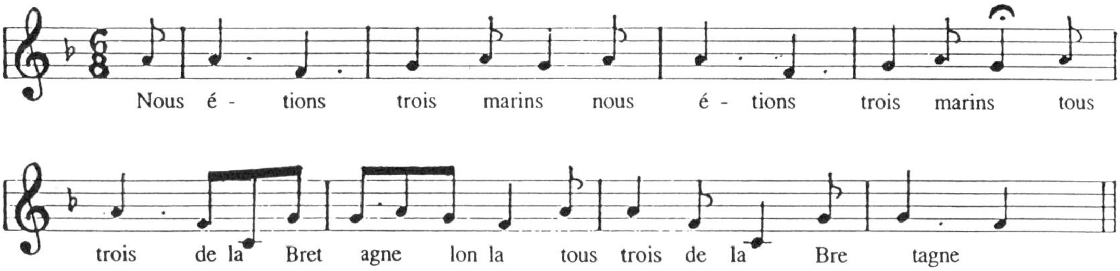

Nous étions trois marins
nous étions trois marins (bis)
tous trois natifs de Nantes *lanla*
tous trois natifs de Nantes (bis)

Nous nous sommes embarqués
pour les côtes d'Angleterre

La mer était mauvaise
les vents étaient contraire

Ils nous ont rejetés
sur les côtes de Cornouaille

Près d'un moulin à vent
nous avons fait naufrage

Dans ce moulin l'y a
trois jeunes demoiselles

La plus jeune des trois
nous fit la révérence

Sitôt qu'elle m'a vu
m'a dit : « je suis bien aise ! »

Je lui ai demandé :
« d'où vient la connaissance ? »

« Ne te souviens-tu pas
de la ville de Nantes ! »

A Nantes et au marché
à choisir des bagues

Bagues d'or et d'argent
parlant de mariage

Marions-nous tous deux
mettons-nous en ménage !

Nous coucherons dans un lit carré
tout gréé de dentelles

Aux quatre coins du lit
il y a quatre pommes d'oranges

Mais dans le milieu du lit
le rossignol y chante !

Nous irons à Valparaiso

1

Hardi les gars, vire au guindeau,
Good bye farewell ! Good bye farewell !
Hardi les gars, adieu Bordeaux !
Hourrah ! Ho Mexico ! Ho ! Ho ! Ho !
Au Cap Horn il ne fera pas chaud
Haul away Hé ! Ou la tchalez !
A faire la pêche au cachalot
Hale, matelot ! Hé ! Ho ! Hisse ! Hé ! Ho !

2

Plus d'un y laissera sa peau,
Good bye farewell ! Good bye farewell !
Adieu misère, adieu bateau !
Hourrah ! Ho Mexico ! Ho ! Ho ! Ho !
Puis nous irons à Valparaiso
Haul away Hé ! Ou la tchalez !
Où d'autres laisseront leur os !
Hale, matelot ! Hé ! Ho ! Hisse ! Hé ! Ho !

3

Ceux qui r'viendront, pavillon haut,
Good bye farewell ! Good bye farewell !
C'est premier brin de matelot !
Hourrah ! Ho Mexico ! Ho ! Ho ! Ho !
Pour la bordée ils seront à flot
Haul away Hé ! Ou la tchalez !
Bons pour le rack, la fille, le couteau !
Hale, matelot ! Hé ! Ho ! Hisse ! Hé ! Ho !

Nous n'irons plus au bois

1. Nous n'irons plus au bois
   Les lauriers sont coupés.
   La belle que voilà
   Ira les ramasser.
   Entrez dans la danse,
   Voyez comme on danse,
   Sautez, dansez,
   Embrassez qui vous voudrez.

2. La belle que voilà
   Ira les ramasser
   Mais les lauriers du bois,
   Les lairons-nous couper ?...

3. Non, chacune à son tour
   Ira les ramasser.

4. Si la cigale y dort
   Il n' faut pas la blesser.

5. Le chant du rossignol
   Viendra la réveiller.

6. Et aussi la fauvette
   Avec son doux gosier.

7. Et Jeanne la bergère
   Avec son blanc panier

8. Allant cueillir la fraise
   Et la fleur d'églantier.

9. Cigale, ma cigale,
   Allons, il faut chanter.

10. Car les lauriers du bois
    Sont déjà repoussés.

Passant par Paris

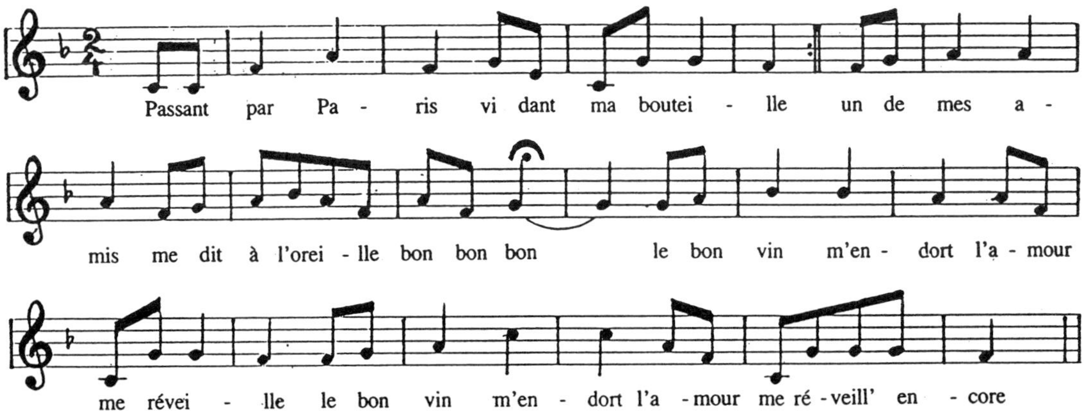

1. Passant par Paris
Vidant la bouteille
Un de mes amis
Me dit à l'oreille :
BON, BON, BON,
Le bon vin m'endort
L'amour me réveille
Le bon vin m'endort
L'amour me réveille encor' !

2. Un de mes amis
Me dit à l'oreille
Jean, prends garde à toi
L'on courtis' ta belle.
BON, BON, BON.
Le bon vin m'endort, etc…

3. … Courtis' qui voudra,
Je me fie en elle.

4. … J'ai eu de son cœur
La fleur la plus belle.

5. … Dans un beau lit blanc,
Gréé de dentelles.

6. … J'ai eu trois garçons,
Tous trois capitaines.

7. … L'un est à Bordeaux,
L'autre à La Rochelle.

8. … L' plus Jeune à Paris
Courtisant les belles.

9. … Et l' père est ici
Qui hal' la ficelle.

Théophile Schuler

Par derrière chez ma tante

1. Par derrière chez ma tante
Il y a-t-un étang,
Je me mettrai anguille,
Anguille dans l'étang.

2. Si tu te mets anguille,
Anguille dans l'étang,
Je me mettrai pêcheur,
Je t'aurai en pêchant.

3. Si tu te mets pêcheur,
Pour m'avoir en pêchant,
Je me mettrai alouette,
Alouette dans les champs.

4. Si tu te mets alouette
Alouette dans les champs,
Je me mettrai chasseur,
Je t'aurai en chassant.

5. Si tu te mets chasseur,
Pour m'avoir en chassant,
Je me mettrai nonette,
Nonette dans un couvent.

6. Si tu te mets nonette,
Nonette dans un couvent,
Je me mettrai pêcheur,
Je t'aurai en prêchant.

7. Si tu te mets prêcheur,
Pour m'avoir en prêchant,
Je me donn'rai à toi
Puisque tu m'aimes tant.

Perrine était servante

1. Perrine était servante, (*bis*)
Chez Monsieur not' Curé,
DIGUE DONDA DONDAINE,
Chez Monsieur not' Curé,
DIGUE DONDA DONDE.

2. Son amant vint la vouèrre
Un soir après l' dîner.

3. — Perrine, ô ma Perrine,
J' voudrais t'i ben t' biser.

4. — Eh, grand nigaud, qu' t'es bête,
Ça s' prend sans s' demander.

5. V'là M'sieur l' Curé qu'arrive
Où j' vas-ti ben t' cacher ?

6. Cache-té dedans la huche
I' saura point t' trouver.

7. Il y resta six s'maines
Elle l'avait oublié.

8. Au bout de six semaines
Les rats l'avaient rouché (mangé).

9. I's y avaient rouché l' crâne
Et pis tous les doigts d' pieds.

10. On fit creuser son crâne
Pour faire un bénitier.

11. On fit monter ses jambes
Pour faire un chandelier.

12. Voilà la triste histoire
D'un jeune homme à marier.

13. Qu'allait trop voir les filles
Le soir après dîner.

Pique la baleine

REFRAIN

Pique la baleine, joli baleinier,
Pique la baleine, je veux naviguer..

1

Pour retrouver ma douce amie,
Oh ! mes boués ! Hou la ! Hou la la la !

2

Sur mille mers j'ai navigué,
Oh ! mes boués ! Hou la ! Hou la la la !

3

Des mers du Nord aux mers du Sud
Oh ! mes boués ! Hou la ! Hou la la la !

4

Je l'ai r'trouvée quand j'm'ai noyé,
Oh ! mes boués ! Hou la ! Hou la la la !

Plantons la vigne

1. Plantons la vigne,
La voilà la jolie vigne,
Vigni, vignons, vignons le vin,
La voilà la jolie vigne au vin
La voilà la jolie vigne.
2. De vigne en terre.
3. De terre en plante.
4. De plante en pousse.
5. De pousse en feuille.
6. De feuille en fleur.
7. De fleur en grappe.
8. De grappe en cueille.
9. De cueille en hotte.
10. De hotte en cuve.
11. De cuve en presse.
12. De presse en tonne.
13. De tonne en cave.
14. De cave en perce.
15. De perce en cruche.
16. De cruche en verre.
17. De verre en trinque.
18. De trinque en en bouche.
19. De bouche en ventre.
20. De ventre en terre…
De terre en plante…

Promenons-nous dans les bois

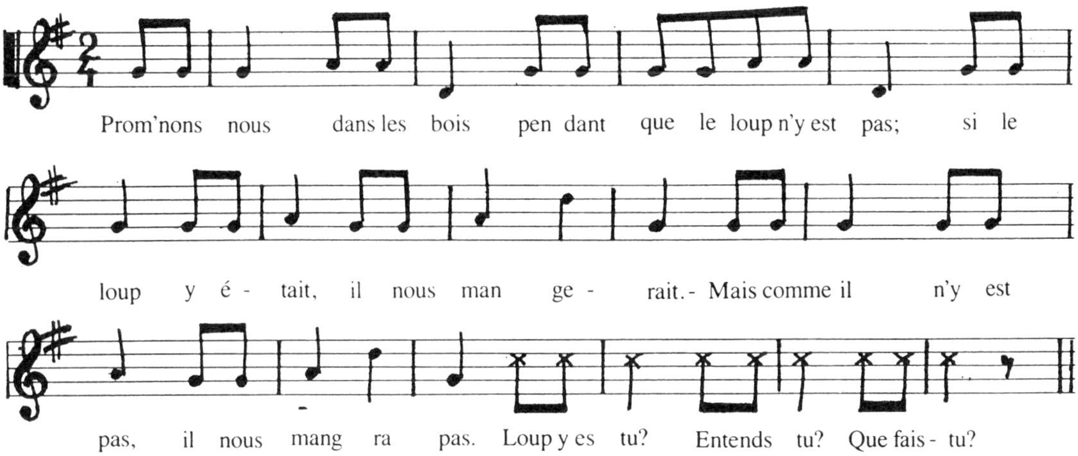

LE LOUP RÉPOND EN S'HABILLANT :

… Je mets ma chemise! Prom'nons-nous, etc…

Je mets mes chaussettes! Prom'nons-nous, etc…

Je mets mes chaussures ! Prom'nons-nous, etc…

Je mets ma cravate! Prom'nons-nous, etc…

Je mets ma veste! Prom'nons-nous, etc…

Je mets mes lunettes, etc… Prom'nons-nous, etc…

On chante le refrain en se tenant par la main. Lorsque le loup a fini de s'habiller, il sort de sa cachette pour attraper les joueurs qui s'éparpillent.

Quand j'ai ma mie

1. Grands dieux ! que je suis à mon aise
Quand j'ai ma mie auprès de moi,
A tout moment je la regarde, | *bis*
Et je lui dis : « Embrasse-moi »

2. — Comment veux-tu que je t'embrasse
Quand on me dit du mal de toi ?
On dit que tu pars pour la guerre | *bis*
Dans le Piémont, servir le Roi.

3. — Ceux qui t'ont dit cela, ma belle,
Ils t'ont bien dit la vérité.
Mon cheval est à l'écurie, | *bis*
Sellé, bridé, pour m'en aller.

4. — Quand tu seras dans ces campagnes,
Tu n'y penseras plus à moi.
Tu n' penseras qu'aux Piémontaises | *bis*
Qui sont cent fois plus bell's que moi.

5. — Si fait, si fait, si fait, ma belle,
J'y penserai toujours à toi.
Je ferai faire un' belle image | *bis*
Toute à la semblance de toi.

6. Quand je srai z'à table à boire,
A mes camarad' je dirai :
Chers camarades, venez voir (e) | *bis*
Cell' que mon cœur a tant aimée.

7. Je l'ai z'aimée, je l'aime encore,
Je l'aimerai tant qu' je vivrai.
Je l'aimerai quand serai mort (e), | *bis*
Si c'est donné aux trépassés.

Qu'est-ce qui passe ici si tard ?

C'est le chevalier du guet,
Compagnons de la marjolaine
C'est le chevalier du guet,
Gai, gai de-sur le quai.

Que demand'ce ce chevalier?
Compagnons... (au refrain).

Une fille à marier,

N'y a pas d'fille à marier,

On m'a dit qu'vous en aviez,

Ceux qui l'ont dit s'sont trompés

Je veux que vous m'en donniez,

Sur les onze heur's repassez,

Les onze heur's sont bien passées

Sur les minuit revenez,

Voilà les minuit sonnés.

Mais nos filles sont couchées,

En est-il un'd'éveillée?

Qu'est-ce que vous lui donnerez ?

De l'or, des bijoux assez,

Ell' n'est pas intéressée,

Mon cœur je lui donnerai,

En ce cas-là, choisissez,

Sur le pont d'Avignon

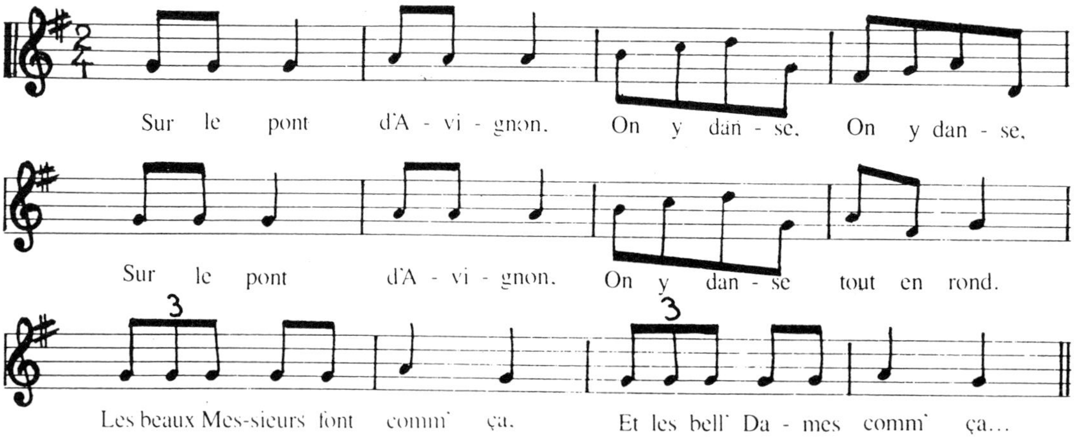

REFRAIN

Sur le pont d'Avignon,
On y danse, on y danse,
Sur le pont d'Avignon,
On y danse tout en rond.

Les beaux Messieurs font comm' ça... Et les bell' Dames comm' ça..

Les soldats font comm' ça,
Et puis encore comm' ça.
Sur le pont... etc...

Les vignerons... etc...

Les jardiniers... etc...

On peut passer en revue toutes les classes, les âges, les métiers...

Les belles madames font comm' ça...
Les p'tits enfants font comm' ça...
Les paysans font comm' ça...
Les boulangers font comm' ça...
etc.

Sur le pont du Nord

Su'l'pont du Nord
un bal y est donné (bis)

Adèl' demande
à sa mère d'y aller (bis)

« Non, non, ma fill',
tu n'iras pas danser » (bis)

Mont' dans sa chambre
et se met à pleurer (bis)

Son frère arriv'
dans un bateau doré (bis)

« Ma sœur, ma sœur,
qu'as-tu donc à pleurer? » (bis)

« Maman n'veut pas
que j'aille au bal danser » (bis)

« Mets ta rob' blanche
et ta ceinture dorée » (bis)

Les v'là partis
dans le bateau doré (bis)

La premièr' danse,
Adèle a bien dansé (bis)

La deuxièm' dans'
le pied lui a glissé (bis)

La troisièm' dans'
le pont s'est écroulé (bis)

Toutes les cloch'
se mirent à sonner (bis)

La mèr' demand' :
« Pourquoi donc tant sonner? » (bis)

« C'est pour Adèle
et votre fils aîné » (bis)

Voilà le sort
des enfants obstinés ! (bis)

Sur la route de Dijon

1. Sur la route de Dijon,
La belle digue, la belle digue don, | *bis*
Il y'avait une fontaine,
La digue don daine,
Il y'avait une fontaine aux oiseaux,
[aux oiseaux.

2. Près d'elle un joli tendron,
La belle digue dig'... | *bis*
Pleurait comme un' Madeleine,
La digue don daine,
Pleurait comme un' Madeleine., Aux...

3. Par là passe un bataillon,
La belle digue dig'... | *bis*
Qui chantait à perdre haleine,
La digue don daine,
Qui chantait à perdre haleine, Aux...

4. — Belle, comme vous nomm'-t-on ?
La belle digue dig'... | *bis*
— On me nomme Marjolaine,
La digue don daine,
— On me nomme Marjolaine, Aux...

5. — Marjolain', c'est un doux nom,
La belle digue dig'... | *bis*
S'écria t'un capitaine,
La digue don daine,
S'écria t'un capitaine, Aux...

6. — Marjolain', qu'avez-vous donc,
La belle digue dig'... | *bis*
— Messieurs, j'ai beaucoup de peine,
La digue don daine,
— Messieurs, j'ai beaucoup de peine,
[Aux...

7. Paraît que tout l' bataillon,
La belle digue dig'... | *bis*
Consola la Marjolaine,
La digue don daine,
Consola la Marjolaine, Aux...

8. Quand vous pass'rez à Dijon,
La belle digue dig'... | *bis*
Allez boire à la fontaine,
La digue don daine,
Allez boire à la fontaine
Aux oiseaux, aux oiseaux.

Sur la route de Louviers

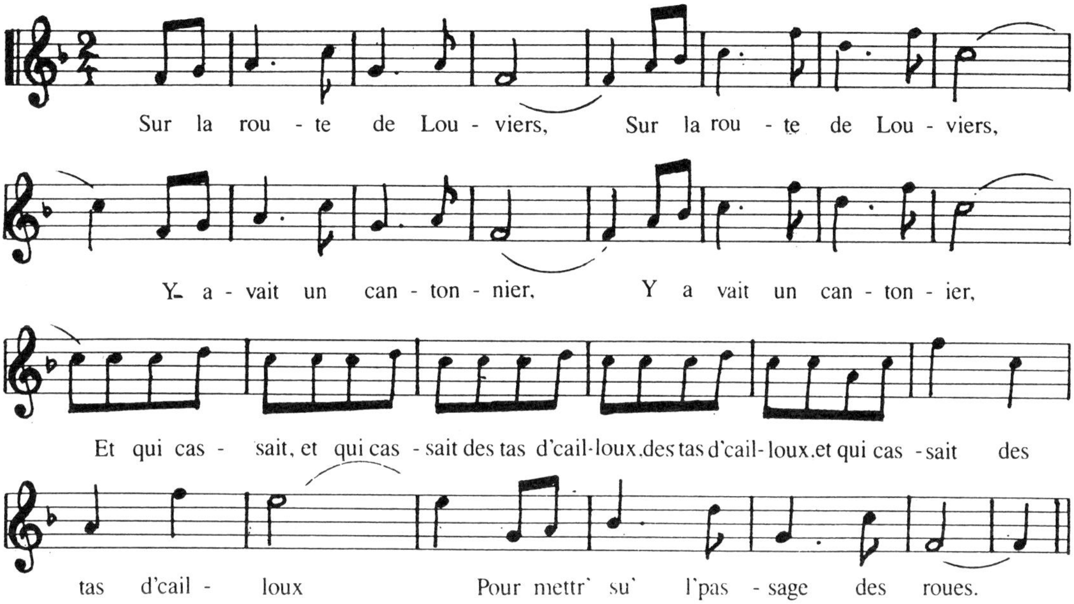

— 1 —

Sur la route de Louviers (bis)
Y avait un cantonnier (bis)
Et qui cassait (bis)
Des tas de cailloux (bis)
Et qui cassait des tas de cailloux
Pour mettr' su' l'passag' des roues.

— 2 —

Un' bell' dam' vint à passer (bis)
Dans un beau carross' doré (bis)
Et qui lui dit : (bis)
« Pauv' cantonnier » (bis)
Et qui lui dit : « Pauv' cantonnier
Tu fais un fichu métier ! »

— 3 —

Le cantonnier lui répond : (bis)
« Faut qu'j'nourrissions nos garçons (bis)
Car si j' roulions (bis)
Carross'comm' vous (bis)
Car si j' roulions carross' comme vous
Je n' casserions pas d' cailloux ! »

— 4 —

Cett' répons' se fait r'marquer (bis)
Par sa grand' simplicité (bis)
C'est c' qui prouv' que (bis)
Les malheureux, (bis)
C'est c' qui prouv' que les malheureux,
S'ils le sont, c'est malgré eux.

Tire va donc sur les avirons

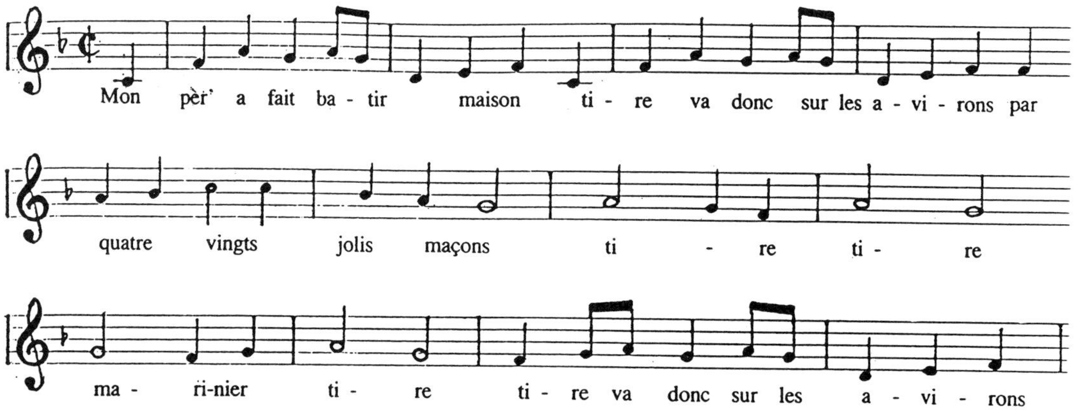

1
Mon père a fait bâtir maison
tire va donc sur les avirons
par 80 jolis maçons

REFRAIN
Tire tire, marinier tire
tire va donc sur les avirons !

2
Le roi a passé aux avirons
Demande : à qui est cette maison ?

3
C'est pour ma fille Jeanneton
Mais à une seule condition :

4
C'est qu'elle n'épouse pas de garçons !
J'aimerais mieux que la maison

5
Soit coulée dans la mer à fond
Pour y nourrir les petits poissons !

Trois jeun's tambours

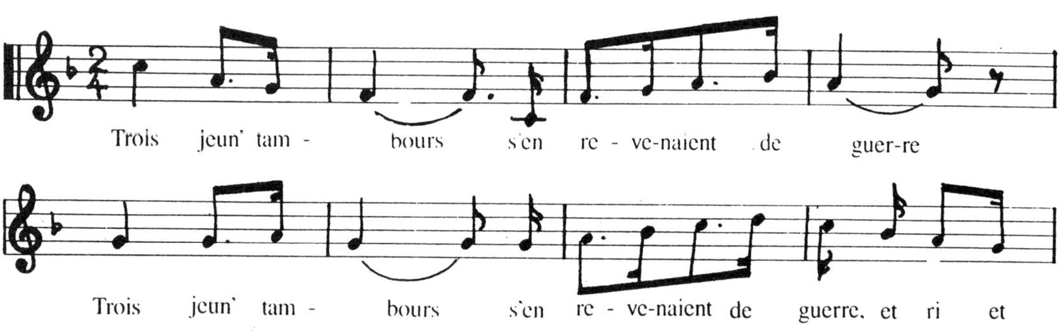

Riou

— 1 —

Trois jeun' tambours
S'en revenaient de guerre, (bis)
Et ri et ran, rapataplan, etc...

— 2 —

Le plus jeune a
Dans sa bouche une rose, (bis)
Et ri et ran, rapataplan, etc...

— 3 —

La fill' du roi
Etait à sa fenêtre, (bis)
Et ri et ran, rapataplan, etc...

— 4 —

« Joli tambour
Donnez-moi votre rose! », (bis)
Et ri et ran, rapataplan, etc...

— 5 —

« Fille du roi,
Donnez-moi votre « cœure » (bis)
Et ri ran, rapataplan, etc...

— 6 —

« Joli tambour,
Demandez-z'à mon père », (bis)
Et ri et ran, rapataplan, etc...

— 7 —

« Sire le roi,
Donnez-moi votre fille! », (bis)
Et ri et ran, rapataplan, etc...

— 8 —

« Joli tambour
Tu n'es pas assez riche », (bis)
Et ri et ran, rapataplan, etc...

— 9 —

« Sire le roi
Je ne suis que trop riche », (bis)
Et ri et ran, rapataplan, etc...

— 10 —

« J'ai trois vaisseaux
Dessus la mer jolie », (bis)
Et ri et ran, rapataplan, etc...

— 11 —

« L'un chargé d'or,
L'autre de pierreries », (bis)
Et ri et ran, rapataplan, etc...

— 12 —

« Et le troisièm'
Pour promener ma mie » (bis)
Et ri et ran, rapataplan, etc...

— 13 —

« Joli tambour
Dis-moi quel est ton père? », (bis)
Et ri et ran, rapataplan, etc...

— 14 —

« Sire le roi,
C'est le roi d'Angleterre! » (bis)
Et ri et ran, rapataplan, etc...

— 15 —

« Joli tambour
Je te donne ma fille », (bis)
Et ri et ran, rapataplan, etc...

— 16 —

« Sire le roi
Je vous en remercie », (bis)
Et ri et ran, rapataplan, etc...

— 17 —

« Dans mon pays
Y'en a de plus jolies », (bis)
Et ri et ran, rapataplan, etc...

Tout au fond de la mer

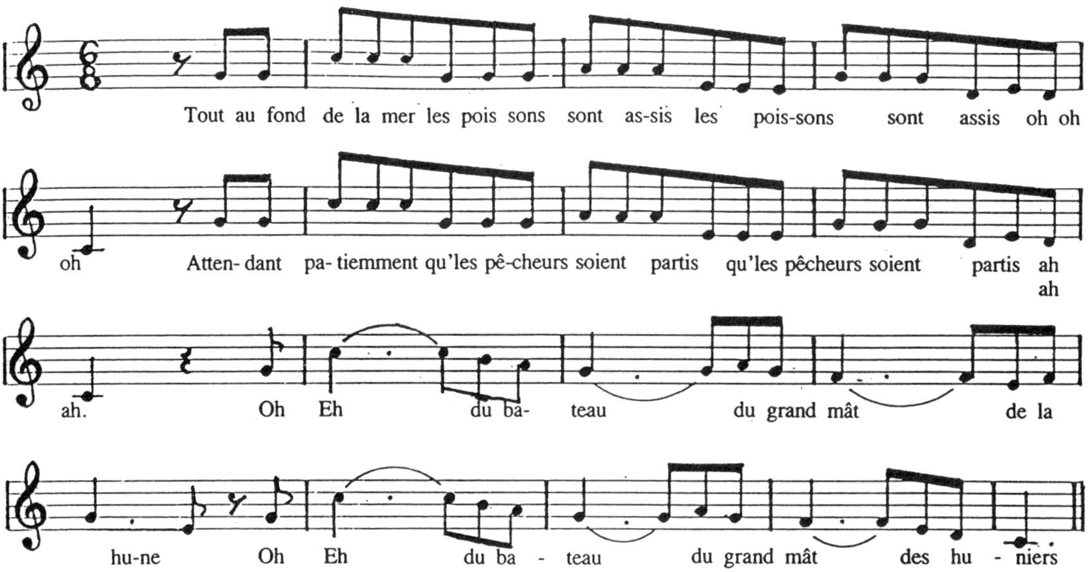

1

Tout au fond de la mer, les poissons sont assis
Les poissons sont assis, Oh ! Oh ! Oh !
Attendant patiemment qu'les pêcheurs soient partis
Qu'les pêcheurs soient partis,
Ah ! Ah ! Ah !

2

Il y'a des vétérans tout barbus, tout fripés,
Tout barbus, tout fripés, Oh ! Oh ! Oh !
Echappés bien souvent des ham'çons, des filets
Des ham'çons, des filets,
Ah ! Ah ! Ah !

REFRAIN

Oh ! Eh ! Du bateau, du grand mât de la hune
Oh ! Eh ! Du bateau, du grand mât des huniers ! ! !

Venez, divin Messie

Venez, divin Messie,
Sauver nos jours infortunés...
Venez, source de vie,
Venez, venez, venez...
Ah ! descendez, hâtez vos pas,
Sauvez les hommes du trépas,
Secourez-nous, ne tardez pas...
Venez, divin Messie,
Sauver nos jours infortunés,
Venez, source de vie,
Venez, venez, venez...

Pour nous livrer la guerre
Tous les enfers sont déchaînés,
Descendez sur la terre,
Venez, venez, venez...
Que nos prières soient entendues !!!
La paix que nous avons perdue,
Ne nous sera-t-elle pas rendue ?
Pour nous livrer la guerre
Tous les enfers sont déchaînés,
Descendez sur la terre,
Venez, venez, venez...

Voyez couler nos larmes,
Seigneur, si vous nous pardonnez,
Nous n'aurons plus d'alarmes,
Venez, venez, venez...
Ah ! puissions-nous chanter un jour
Dans votre bienheureuse cour
Et votre gloire et votre amour...
Nous n'aurons plus de larmes
Seigneur, si vous nous pardonnez,
Nous n'aurons plus d'alarmes,
Venez, venez, venez...

V'là le bon vent

1. V'là l' bon vent, v'là l' joli vent !
   V'là l' bon vent m'ami m'appelle,
   [v'là l' bon vent,
   V'là l' joli vent, v'là l' bon vent
   [m'ami m'attend !
   Derrièr' chez nous y'a-t'un étang
   Trois beaux canards s'en vont nageant.

2. Trois beaux canards s'en vont en nageant
   Le fils du roi s'en va chassant.

3. Le fils du roi s'en va chassant,
   Avec son grand fusil d'argent.

4. Avec son grand fusil d'argent,
   Visa le noir tua le blanc.

5. Visa le noir tua le blanc,
   Oh ! fils du roi tu es méchant.

6. Oh ! fils du roi tu es méchant,
   Tu as tué mon canard blanc.

7. Tu as tué mon canard blanc,
   Par dessous l'aile il perd son sang.

8. Par dessous l'aile il perd son sang
   Et par les yeux des diamants.

9. Et par les yeux des diamants
   Et par le bec l'or et l'argent.

10. Et par le bec l'or et l'argent
    Que ferons-nous de tant d'argent ?

11. Que ferons-nous de tant d'argent ?
    Nous mettrons les fill's au couvent.

12. Nous mettrons les fill's au couvent
    Et les garçons au régiment.

Y avait dix filles dans un pré

Y avait dix fill's dans un pré,
Tout's les dix à marier :
Y avait Dine, Y avait Chine,
Y avait Claudine et Martine, Ah! Ah!
Cath'rinett et Cath'rina;
Y avait la belle Suzon,
La duchess' de Montbazon;
Y avait Madeleine;
Puis y avait la Du Maine.

A tout's il fit un cadeau (bis)
Bague à Dine, Bague à Chine,
Bague à Claudine et Martine, Ah! Ah!
Cath'rinette et Cath'rina;
Bague à la belle Suzon,
A la duchess' de Montbazon;
Bague à Madeleine;
Diamant à la Du Maine.

Puis leur offrit à coucher (bis)
Paille à Dine, Paille à Chine,
Paille à Claudine et Martine, Ah! Ah!
Cath'rinette et Cath'rina;
Paille à la belle Suzon,
A la duchess' de Montbazon;
Paille à Madeleine;
Beau lit à la Du Maine,

L'fils du roi vint à passer,
Tout's les dix a saluées :
Salua Dine, Salua Chine,
Salua Claudine et Martine, Ah! Ah!
Cath'rinette et Cath'rina;
Salua la belle Suzon,
La duchess' de Montbazon;
Salua Madeleine;
Baiser à la Du Maine.

Puis leur offrit à goûter (bis)
Pomme à Dine, Pomme à Chine,
Pomme à Claudine et Martine, Ah! Ah!
Cath'rinette et Cath'rina;
Pomme à la belle Suzon,
A la duchess' de Montbazon;
Pomme à Madeleine;
Gâteau à la Du Maine.

Puis tout's il les renvoya (bis)
Adieu Dine, Adieu Chine,
Adieu Claudine et Martine, Ah! Ah!
Cath'rinette et Cath'rina;
Adieu la belle Suzon,
La duchess' de Montbazon;
Adieu Madeleine;
Et garda la Du Maine.

TABLE DES CHANSONS

Impression et reliure : Pollina s.a., 85400 Luçon - n° 16369
Dépôt légal : mai 1993